电动汽车动力电池检测与维修

主　编　孟凡秋　王　宁　张艳红
副主编　崔宽宽　赵　彤　张冬冬
参　编　王　腾　王吉栋　李良片
　　　　李郯郯　孙　岩
主　审　谢建华

北京理工大学出版社
BEIJING INSTITUTE OF TECHNOLOGY PRESS

内容简介

本书将理论与实践紧密结合，以典型工作任务为主线，实现知识的有机融合。是一套专为交通运输类相关专业设计的教材，以吉利EV450和比亚迪E5车型为主要教学车型，同时辅以其他车型，确保教学内容的前沿性和实用性。所有内容均在实车上进行了验证，保证了教学与实际工作的无缝对接。

本书共有六个模块，主要内容有动力电池拆装与检测、充电系统的检修、动力电池管理系统检修、动力电池BMS控制器故障检修、动力电池热管理系统检修、高压配电系统检修等。每个模块包括基础知识和实训操作两部分，基础知识部分按照典型工作任务的需求进行设置，实训操作部分设置了16个实训。本书配有二维码等教材配套数字资源，可扫书中的二维码获取更多相关学习资源。

本书不仅适用于交通运输类相关专业的教学，也是相关从业人员提升业务水平的参考书和培训教材。

版权专有　侵权必究

图书在版编目（CIP）数据

电动汽车动力电池检测与维修 / 孟凡秋，王宁，张艳红主编 . -- 北京：北京理工大学出版社，2024.4

ISBN 978-7-5763-3912-3

Ⅰ.①电… Ⅱ.①孟… ②王… ③张… Ⅲ.①电动汽车 - 蓄电池 - 车辆检修 Ⅳ.①U469.720.7②TM91

中国国家版本馆 CIP 数据核字（2024）第 088598 号

责任编辑： 陈莉华	**文案编辑：** 李海燕
责任校对： 周瑞红	**责任印制：** 施胜娟

出版发行 / 北京理工大学出版社有限责任公司

社　　址 / 北京市丰台区四合庄路 6 号

邮　　编 / 100070

电　　话 /（010）68914026（教材售后服务热线）

　　　　　　（010）68944437（课件资源服务热线）

网　　址 / http://www.bitpress.com.cn

版 印 次 / 2024 年 4 月第 1 版第 1 次印刷

印　　刷 / 定州市新华印刷有限公司

开　　本 / 889 mm × 1194 mm　1/16

印　　张 / 10.5

字　　数 / 228 千字

定　　价 / 89.00 元

图书出现印装质量问题，请拨打售后服务热线，负责调换

前言

党的二十大报告提出："推动战略性新兴产业融合集群发展，构建新一代信息技术、人工智能、生物技术、新能源、新材料、高端装备、绿色环保等一批新的增长引擎。"发展新能源汽车是我国从汽车大国迈向汽车强国的必由之路。近年来，我国新能源汽车产业快速发展，逐步成长为世界新能源汽车领域的创新高地。

电动汽车是我国未来汽车技术的主要发展方向，动力蓄电池技术是推动电动汽车发展的关键。随着生态环境的日益恶化和能源危机的加剧，传统汽车产业的发展受到威胁，纯电动汽车迎来了前所未有的发展机遇。动力电池作为电动汽车的主要动力源，已经成为纯电动汽车行业竞争的关键。面对电动汽车不可逆转的发展趋势，我国存在新能源汽车人才紧缺、专业人才素质不高等问题，严重影响了电动汽车产业的健康快速发展。

电动汽车动力电池检测与维修是新能源汽车技术类专业针对新能源汽车动力电池检修的一门专业核心课程，主要培养学者快速掌握新能源汽车动力电池故障检测与维修这一技能。

本书将理论与实践紧密结合，以典型工作任务为主线，实现知识的有机融合。是一套专为交通运输类相关专业设计的教材，以吉利 EV450 和比亚迪 E5 车型为主要教学车型，同时辅以其他车型，确保教学内容的前沿性和实用性。所有内容均在实车上进行了验证，保证了教学与实际工作的无缝对接。

本书配套开发了教学设计、教学课件、教学视频等信息化资源。同时配有二维码等教材配套数字资源，可扫书中的二维码获取更多相关学习资源。

本书共分为六个模块，包括动力电池拆装与检测、充电系统的检修、动力电池管理系统检修、动力电池 BMS 控制器故障检修、动力电池热管理系统检修、高压配电系统检修等内容。每个模块包括基础知识和实训操作两部分，基础知识部分按照典型工作任务的需求进行设置，实训操作部分设置了 16 个实训。

本书不仅适用于交通运输类相关专业的教学，也是相关从业人员提升业务水平的参考书和培训教材。

本书由日照市教育科学研究院孟凡秋、济宁技师学院王宁、张艳红担任主编，济宁技师学院崔宽宽、赵彤、张冬冬担任副主编，济宁技师学院王腾、王吉栋、李良片、李郯郯、孙岩担任参编。由济宁技师学院谢建华进行审核完成。

在编写本书过程中，参考了一些专业技术文献和资料，在此向相关的作者表示衷心的感谢！由于编者水平有限，疏漏之处在所难免，恳请广大读者提出宝贵的意见和建议。

编　者

目录

模块一　动力电池拆装与检测 ······································· 1
　　基础知识模块 ·· 1
　　　　电动汽车动力电池结构 ······································· 1
　　实训操作模块 ·· 19
　　　　实训一　更换电动汽车动力电池总成 ······················ 19
　　　　实训二　更换动力电池包内部组件 ·························· 22
　　　　实训三　检测电动汽车动力电池性能 ······················· 26

模块二　充电系统的检修 ··· 29
　　基础知识模块 ·· 29
　　　　电动汽车充电系统 ·· 29
　　实训操作模块 ·· 46
　　　　实训一　检修 DC/DC 变换器 ································ 46
　　　　实训二　检修电动汽车慢充系统 ···························· 48
　　　　实训三　检修电动汽车快充系统 ···························· 50

模块三　动力电池管理系统检修 ··································· 53
　　基础知识模块 ·· 53
　　　　动力电池管理系统 ·· 53
　　实训操作模块 ·· 75
　　　　实训一　监测动力电池状态 ································· 75
　　　　实训二　排除单体电池电压过低故障 ······················· 77

模块四　动力电池 BMS 控制器故障检修 ········· 80
基础知识模块 ········· 80
动力电池 BMS 控制器 ········· 80
实训操作模块
实训一　排除动力电池 BMS 控制器电源故障 ········· 100
实训二　排除动力电池管理系统通信故障 ········· 104
实训三　排除动力电池 BMS 碰撞信号故障 ········· 108

模块五　动力电池热管理系统检修 ········· 113
基础知识模块 ········· 113
认识动力电池热管理系统 ········· 113
实训操作模块 ········· 129
实训一　检修动力电池热管理系统 PTC 加热水泵 ········· 129
实训二　检修动力电池热管理系统三通电磁阀 ········· 133
实训三　检修冷却风扇 ········· 136

模块六　高压配电系统检修 ········· 139
基础知识模块 ········· 139
高压配电系统 ········· 139
实训操作模块 ········· 156
实训一　检修高压配电系统高压回路 ········· 156
实训二　检修高压控制盒 ········· 159

参考文献 ········· 162

模块一

动力电池拆装与检测

基础知识模块

电动汽车动力电池结构

一、电动汽车动力电池结构

1. 电动汽车常用动力电池的种类

动力电池按照所用正、负极材料不同，可分为铅酸蓄电池、镍氢电池、锂离子蓄电池、锂-空气电池、锂硫电池、全固态电池、飞轮电池、超级电容、燃料电池等。为获得更高的能量密度、续驶能力以及使用寿命，电动汽车主要使用锂离子动力电池。

2. 磷酸铁锂电池

锂离子蓄电池正极材料主要有钴酸锂、锰酸锂、镍酸锂、三元材料、磷酸铁锂等。磷酸铁锂电池是指以磷酸铁锂为正极材料的锂离子蓄电池，电池质量能量密度提高到150（W·h）/kg，它是一个方形铝壳电池，阳极材料包括磷酸铁锂和三元材料。磷酸铁锂电池热稳定性好，安全，开发成本较低，一直是汽车制造厂家的优选电池。比亚迪公司在新电池的研发中，在磷酸铁锂电池中加入锰，形成了一种新型磷酸铁锰锂电池，质量能量密度达到 200（W·h）/kg，基本接近理论极限。

磷酸铁锂电池的优点有：

（1）寿命长。循环寿命可达 2 000 次以上；在同等条件下，可使用 7~8 年。

（2）使用安全。经过严格的安全测试，即使在交通事故中也不会发生爆炸。

（3）快速充电。使用专用充电机，电池在 1.5C 下 40 min 即可充满电；耐高温，热空气值可达到 350~500℃。

（4）容量大。

（5）无记忆效应。

（6）环保、无毒、无污染、原料来源广、价格低廉。

锂离子蓄电池有充放电时无记忆效应、高电压、没有自我放电、高功率和高能量密度、使用寿命长等许多优点，在纯电动汽车上得到了广泛的应用。

3. 动力电池的种类及特点

动力电池由若干个电芯组成，电芯从结构上分类包括软包电池、圆柱形电池及方形电池。方形电池和圆柱形电池如图 1-1 所示。方形电池和圆柱形电池组成结构如图 1-2 所示。

图 1-1 方形电池和圆柱形电池

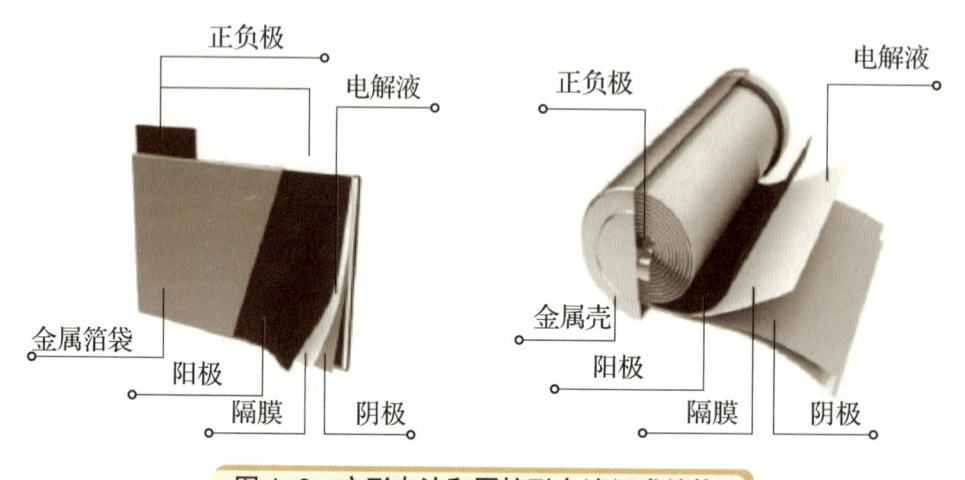

图 1-2 方形电池和圆柱形电池组成结构

圆柱形电池广泛应用于工业领域，其尺寸便于标准化生产。因此，圆柱形电池还具有产量高、价格竞争力强的特点。但是，圆柱形电池的结构会影响动力电池的整体质量，使动力电池的组装密度和比能量降低。

锂离子动力电池的结构如图 1-3 所示。传统锂离子动力电池受到机械损伤会引起内部短路，其产生的高电流强度会导致相应的高温。因此，电池外壳也必须设计成防火的。

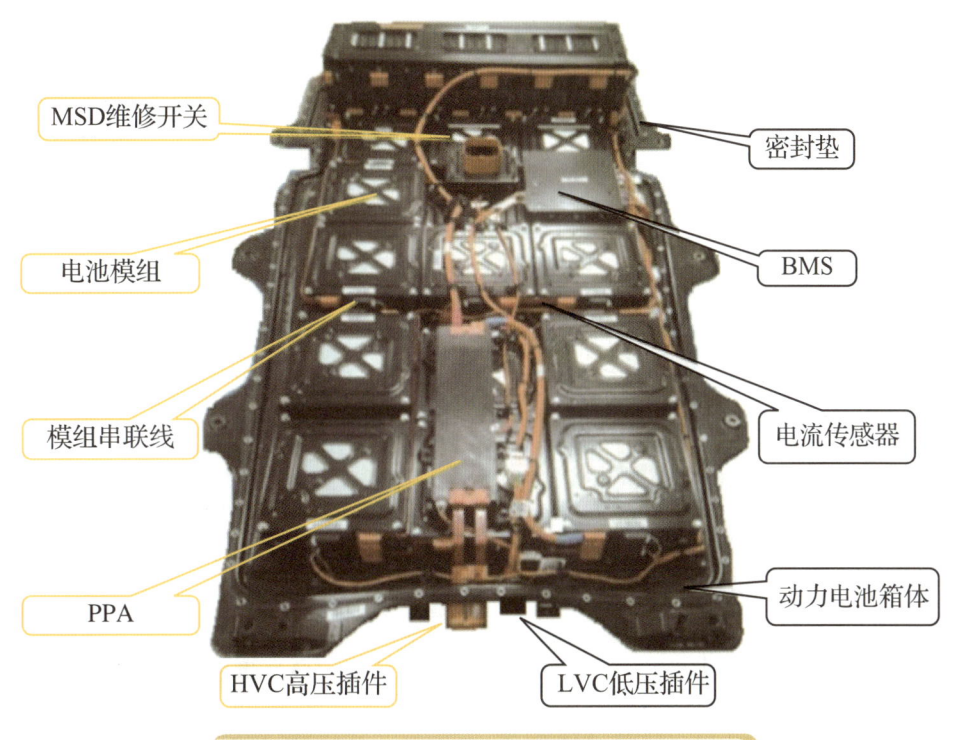

图 1-3 锂离子动力电池的结构

4. 锂离子蓄电池电芯的种类

（1）圆柱形电池。分为磷酸铁锂、钴酸锂、锰酸锂、钴锰和三元材料等不同体系。外壳分为两种类型：钢外壳和聚合物外壳。

圆柱形电池主要包括钢制圆柱形磷酸铁锂电池和钢制圆柱形 18650 电池（见图 1-4，"18"指电池直径为 18 mm，"65"指高度为 65 mm，"0"代表圆柱形电池）。圆柱形电池在制造标准上具有良好的一致性。圆柱形电池分为 14650、18650、21700 等多种型号，表示圆柱形电池的尺寸标准。目前，特斯拉、北汽新能源等多家厂商的很多车型都采用了圆柱形电池。

（2）方形电池。方形电池（见图 1-5）的应用更灵活，可根据产品的具体需要定制，因此大小不同。目前，无论是制造工艺还是应用标准，对方形电池都没有明确的标准划分。汽车公司可以根据车型需要定制方形电池尺寸，而不受圆柱形电池标准的限制。方形电池用于许多车型，如宝马 i 系、荣威 ERX5 和蔚来 ES8，还包括比亚迪使用的电池。

图 1-4 钢制圆柱形 18650 电池

图 1-5 方形电池

（3）软包电池。也称刀片电池，由于软包电池（见图1-6）采用叠加制造方法，因此在相同的容量密度下，它的体积更小、质量更小。同样，软包电池也可以根据应用需求定制。在汽车应用中，由于其体积可控，尤其适用于插电式混合动力汽车。如图1-7所示为比亚迪汉电动汽车刀片电池模组。

图1-6 软包电池

图1-7 比亚迪汉电动汽车刀片电池模组

5. 锂离子动力电池测试

锂离子动力电池的电化学基本性能包括容量、电压、内阻、自放电、存储性能、高低温性能等，动力电池作为典型的化学电源还包括充放电性能、循环性能、内压等，因此，对于动力单体电池而言，主要性能测试内容包括充电性能测试、放电性能测试、放电容量及倍率性能测试、高低温性能测试、能量和比能量测试、功率和比功率测试、存储性能及自放电测试、寿命测试、内阻测试、内压测试和安全性测试等。

从车辆实际应用角度出发，应用于电动汽车的动力电池需要以动力电池组作为测试对象进行适合于车用级系列测试。如静态容量检测、峰值功率检测、动态容量检测、部分放电检测、静置试验、持续爬坡功率测试、热性能、起动功率测试、电池振动测试、充电优化和快速充电能力测试、循环寿命测试以及安全性测试等。

电芯主要由正极材料、负极材料、电解液、隔膜和外壳构成，是电池模块的重要组成部分。

6. 三元锂电池

三元锂电池是指使用了镍钴锰酸锂或锂镍钴铝酸锂三元正极材料的锂离子蓄电池。将镍盐、钴盐和锰盐调整为三种不同的组分比，堆芯的质量能量密度可达到250（W·h）/kg，低温下仍能保证良好的放电性能，能量密度较高，充放电效率较高。目前，全球大多数纯电动汽车公司都在使用它，特别是特斯拉电动汽车上市后，甚至引领了三元锂电池的发展。

三元锂电池是电动乘用车的主流应用电池，具有体积小、容量密度高、耐低温、循环性能好等优点。但是，三元锂电池的化学性能却相对活泼，在高温条件下，三元锂电池的三元材料会在200℃下分解，产生剧烈的化学反应，释放出氧原子，极易在高温下发生燃烧或爆炸。因此基于安全考虑，工业和信息化部于2016年1月通过专门文件，规定禁止三元锂电池在纯电动公交车上使用。目前它在乘用车上的使用量明显高于磷酸铁锂电池。而磷酸铁锂电池的耐热温度可达500℃左右，在使用上安全性更高。三元锂动力电池组如图1-8所示。

7. 锂硫电池

锂硫（Li-S）电池（见图1-9）以硫为正极，理论质量能量密度可高达2 600（W·h）/kg，元素硫成本低，对环境友好。但是，锂硫电池也存在许多问题没有得到很好的解决。

图1-8 三元锂动力电池组

图1-9 锂硫电池

（1）电极循环性能差。
（2）锂负极的充电性能问题很难在短时间内解决。
（3）锂硫电池的体积能量密度相对较低。

二、动力电池连接的方法

1. 串联与并联

在电动汽车的动力电池中，将电池串联，能够提供足够的电压，以满足电力驱动系统的要求。为了获得所需应用的最佳能量，还需要将电池并联组装。动力电池并联和串联的连接模式如图1-10所示，并联是增加输出电流，串联是增加电压。

并联：指所有电池的正极连接，所有电池的负极连接。并联电压等于动力电池电压，电流等于动力电池电流的总和，并联可以增加总电流。

串联：指电池的端到端连接。即第1节电池的正极连接第2节电池的负极，第2节电池的正极连接第3节电池的负极等。串联电压等于动力电池电压的总和，电流等于流过每个动力电池的

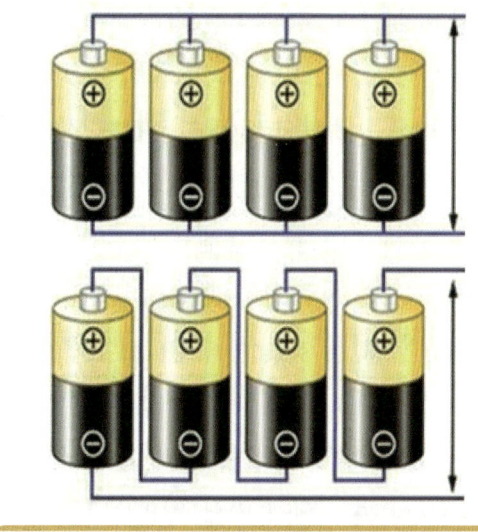

图1-10 动力电池并联和串联的连接模式

电流，如果损坏其中一个，都会导致整个电池模块无法正常使用或电压下降。

2. 混合连接

动力电池需要通过串联与并联这两种方法的结合来实现高压大容量，电池通常用镍片连接，这就需要用特殊设备将镍片焊接到电芯上。这种方法比较可靠、安全，然后由相应的保护装置输出。

动力电池串、并联混合连接模式如图1-11所示。在动力电池内部，电池模块的典型连接方式有先并联后串联、先串联后并联两种。先并联后串联方式优于先串联后并联方式，但是先串联后并联的电池拓扑结构有利于控制系统对各个电芯进行检测和管理。

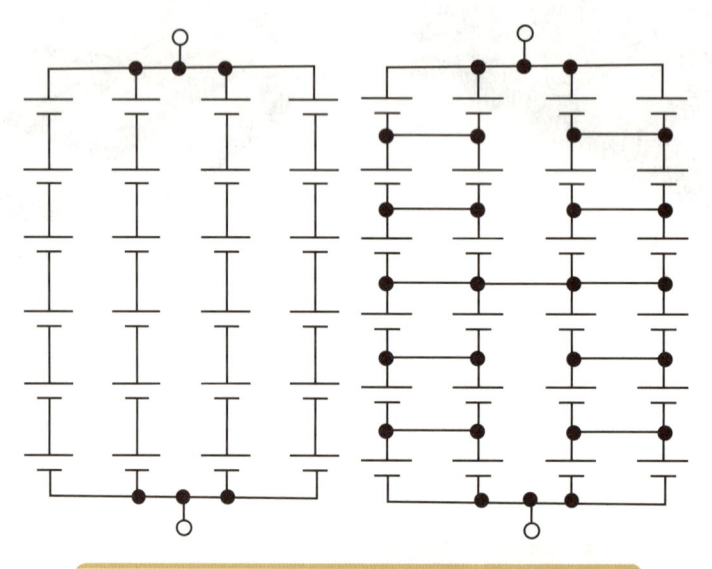

图1-11 动力电池串、并联混合连接模式

三、电动汽车动力电池包结构与组成

比亚迪E5动力电池的内部结构如图1-12所示，由电池单元和外壳组成。接插器的作用是将电芯固定在一起。动力电池是电动汽车的动力来源，可以分为三层结构：电芯、电池模块和动力电池系统。完整的动力电池包括电池单元、电池管理控制器和其他电气机械装置。

如图1-13所示，动力电池主要的部件包括维修开关组件、动力电池箱、电池模块组件、动力电池管理单元、CSC采集组件、低压连接组件、高压连接组件、热管理系统组件、S-Box继电器控制器、内压保护装置、密封缓冲泡棉组件。

图1-12 比亚迪E5动力电池的内部结构

图 1-13 动力电池分解图

标注：
- 维修开关组件
- 内压保护装置
- 低压连接组件
- 高压连接组件
- 热管理系统组件
- 密封缓冲泡棉组件
- 动力电池箱上盖板
- 电池模块组件
- 动力电池管理单元
- CSC采集组件
- S-Box继电器控制器
- 动力电池箱下壳体

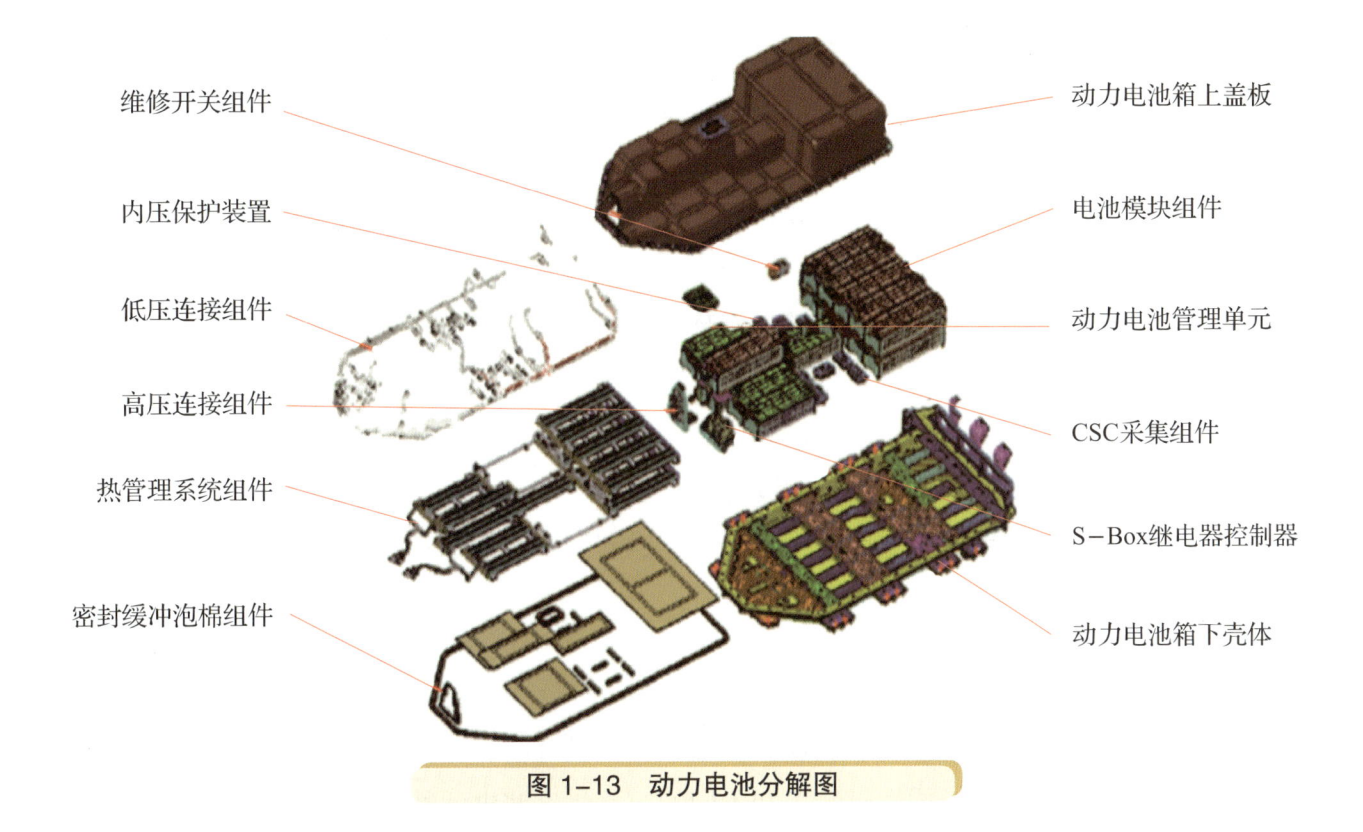

1. 维修开关组件

维修开关组件安装在动力电池和高压控制箱之间，用于维修时切断整车高压电源，保证维修安全。如图1-14所示，手动维修开关（Manual Service Disconnect，MSD）是一种用于车辆维护的电动汽车断电保护装置。

为了确保人和车辆的安全，高压系统的电源是手动断开的。它也是在关键时刻实现高压系统电气隔离的执行元件，在内部配置了适当的熔丝后，它还可以起到短路保护的作用。

图 1-14 手动维修开关

手动维修开关的功能包括：

（1）打开时，断开动力电池系统输出端子之间的电压。

（2）当接触器断开时，MSD断开后5 s内所有外部电池端子组的测量电压应小于60 V（主要考虑维护和充放电的安全因素）。

2. 动力电池箱

如图1-15所示，动力电池箱由上下壳组成，由垫片隔开，底壳多为钢板，上壳体多为轻质增强塑料件。电池的密封件是为了防止颗粒和液体进入，并需根据规定的防护等级（IP）进行设计。例如，防护等级为IP67的外壳要求防尘并防止浸入1 m以下的水中。电池箱的主要功能是为车辆提供机械、热和电气接口，包括电源接口的高压插头、信号传输接口的数据线束接插器，以及电池液体冷却水管接口。

电池箱常用的材料主要是钢、铝和塑料。深冲钢具有高刚度的优点，也使超大电池模块成为可能，这种材料主要用于电池箱的底部。另一种材料是深冲铝或压铸铝，铸铝零件的外壳可以很容易地与更多的组件集成。例如：雪佛兰Volt的电池模块采用深冲钢作为储能系统的底壳。电池模块采用T型设计，主要利用中桥下和后排座椅下的设计空间。中桥在撞车时起到安全笼的作用，可以保护电池免受冲击过程的损害。

图 1-15 动力电池箱

3. 电池模块组件

电池模块组件由电池单元和模块控制器组成。在设计时，主要基于电池的类型、电池的几何形状（圆柱体、方形、柔性封装）和不同的容量，这些电池特性主要影响其他组件的配置，例如模块外壳、电池连接和冷却系统。

电动汽车电池模块的组成方式如图1-16所示，如3P2S、3P3S、3P4S、3P5S等。其编码的含义为：电动汽车的电池模块组成方式如果是3P2S，其中，字母P代表并联，字母S代表串联，数字代表串联或并联的数量，即该动力电池为3组并联方式，2组串联方式。

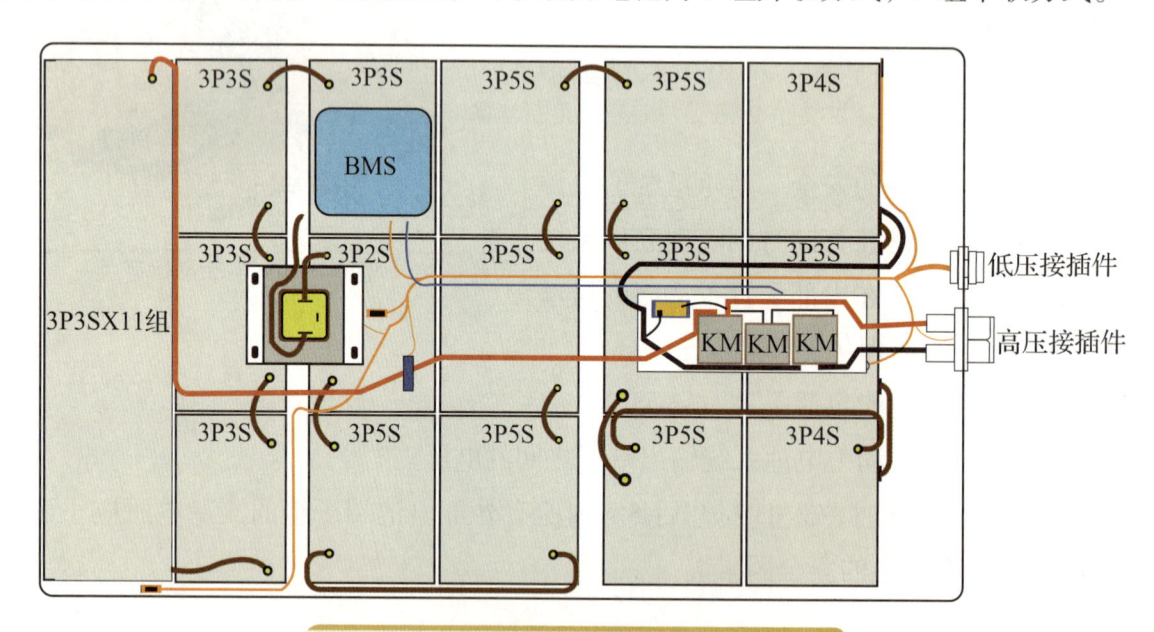

图 1-16 电动汽车电池模块的组成方式

动力电池模块（见图1-17）通常设计为模块端电压低于60 V，所需电池模块数量根据动力电池总电压要求配置。每个模块串联在一起，由动力电池管理系统（Battery Management System，BMS）监控。由于某些电池可能无法在特定的电压范围内工作，会造成潜在的安全隐患，因此需要通过 BMS 监控各种参数，如电池端子电压、电池模块电流和温度，并在监测的基础上确定是否将动力电池系统与车辆断开，以防止深度过放电或过充电等危险。

用于断开动力电池的开关与其他元件（如绝缘监视器和电流传感器）一起安装在开关盒中。电池模块的冷却系统负责将电池保持在额定温度范围内运行，以防止因温度过高而导致的老化和因温度过低而超出电池许用范围。

如图 1-18 所示，电池模块中的单体电池通常通过电池互连系统串联连接。连接系统电气连接每个单体电池和用于连接相邻模块的模块连接接口。动力电池模块中的每个动力单体电池由动力电池监测电路监测。电池监测电路监测串联的所有单体电池的电压，还监测模块某些位置的温度。

图 1-17 动力电池模块

图 1-18 宝马动力电池的模块连接

4. 动力电池管理单元

电池管理单元（Battery Management Unit，BMU）又称主控制盒。BMU 具有 SOC、电压监测、电流检测、温度监测、绝缘监测、继电器状态监测等多种功能，能够有效地传输信息，提高电池利用率，延长电池寿命。

在动力电池中，电池管理系统（BMS）的组成按其性质可分为硬件系统和软件系统，按其功能可分为数据采集单元和控制单元。BMS 的硬件包括一个控制盒（见图 1-19）、一个主控盒（见图 1-20）、一个高压盒（见图 1-21）以及收集数据（如电压、电流和温度）的电子设备（也称为从控盒）。BMS 软件主要监测动力电池电压、电流、SOC 值、绝缘电阻值、温度值，并通过与整车控制器（Vehicle Control Unit，VCU）和充电机的通信，来控制动力电池系统的充放电。

图 1-19 控制盒

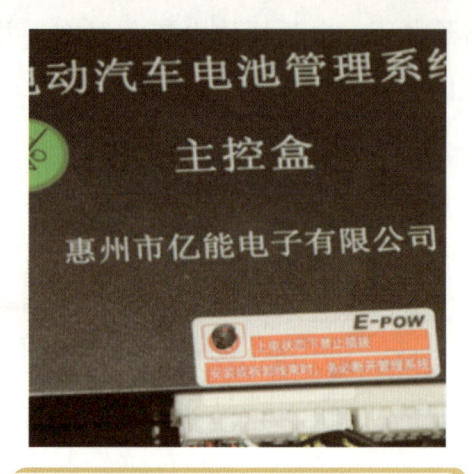

图 1-20 主控盒　　　图 1-21 高压盒

5. CSC 采集组件

动力电池监控电路（Cell Supervision Circuit，CSC）又称从控盒、电池低压管理系统。如图 1-22 所示，它的主要功能包括监测每个电池的电压、温度和荷电状态（State of Charge，SOC）值，监测动力电池的电池电压和电池模块的温度，并将上述监测的数据输入主控盒。

CSC 与电池模块集成安装在动力电池上，负责收集和传输电池信息，通过总线输入到 BMU 中。CSC 需要设置一个地址，以便与电芯组保持一对一的通信，否则 BMU 不知道信息来自哪个电芯组。在电源交换模式下，待更换电池模块中的 CSC 需要根据其在新电池模块中的位置设置相应的地址。

6. 低压连接组件

如图 1-23 所示，低压连接组件包括低压连接线束、接插器等部件，主要用于低压信号传输（例如控制信号、采集信号等）。

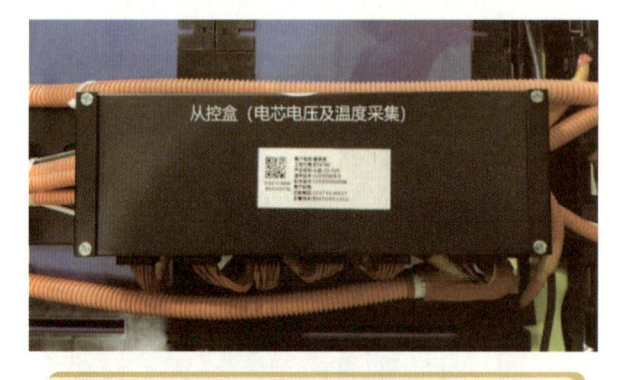

图 1-22 动力电池监控电路　　　图 1-23 低压连接组件

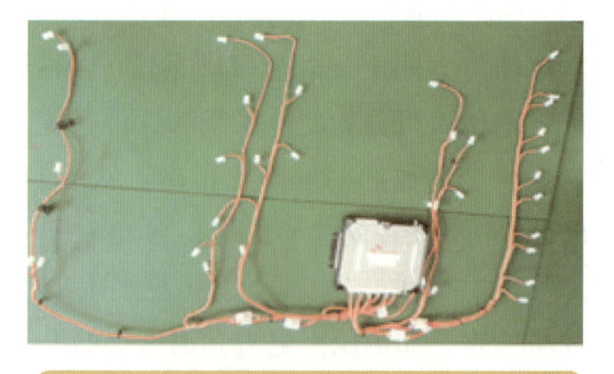

7. 高压连接组件

高压系统包括高压控制箱及线束、连接接口等，主要用于监测动力电池的总电压、总电流、绝缘性能，并将监控的数据反馈至主控盒。为了区分高压和低压线束，高压电源线束通常采用橙色波纹管，低压线束采用黑色波纹管。动力电池系统通过可靠的"总正极"和"总负极"高压接插器连接到高压控制箱，低压接插器连接到CAN总线，与VCU或车载充电机通信。高压系统的连接主要通过以下几种措施。

（1）连接件。也称为连接排或接插器。连接件由各种铜或铝合金（电池的正极和负极端子材料）制成，可在电池之间传输电流。由于导体本身的电阻和动力电池端子与动力电池连接板之间的接触电阻，会导致额外的热量产生。对于电池模块，电阻是电池内部电阻和电池接插器电阻的总和，电池连接件电阻是接插器电阻和接插器两侧接触电阻的总和。电池接插器的电阻率取决于其材料特性，接触电阻的大小完全取决于电气连接技术和电池端子的材料。

（2）点焊连接。电阻点焊通常用于焊接电池的连接件。

（3）线束连接。由于动力电池内部的线束承载着较大的电流，从安全性和装配性的角度来看，动力电池线束一般是单独布设的，不与其他线束连接在一起。动力电池线束根据不同型号和发展趋势有不同的正负极组合。由于使用环境的不同，动力电池线束对材料的耐湿性有很高的要求。

（4）高压互锁。高压互锁是利用低压信号监测高压电路完整性的一种安全控制方法。理论上，低压监测电路先与高压连接，然后断开，在中间保持必要的预留时间，时长可根据具体情况确定，如150 ms，监测对象为高压接插器等电气接口元件，需要人工操作才能实现电路通断。在电动汽车的高压电路中，需要具有高压回路（High Voltage InterLock，HVIL）功能的电气元件，主要是高压接插器和手动维修开关。

8. 热管理系统组件

热管理系统组件包括动力电池的加热和冷却系统。充电过程中，当电池温度低于设定值时，BMS控制加热继电器闭合，并通过熔丝连接加热膜电路，保温截止条件为2 h。在保持过程中，当电池温度上升到≥8℃时，停止加热，或者电池温差超过20℃，电池也停止加热，直到温差低于10℃，又重新开始加热。

9. S-Box继电器控制器与其他辅助元件

（1）S-Box继电器控制器。S-Box继电器控制器的功能是实现继电器、预充电电阻、电流测量等的一体化设计。主要有预充电继电器和电阻器。在放电和充电的初始阶段，预充电继电器闭合进行预充电，并在预充电完成后断开预充电继电器。

S-Box继电器控制器的控制过程为：

1）BMS控制预充电继电器关闭或打开。

2）在通电模式的初始阶段，向控制器电容器充电（高电压和小电流）。

3）当电容器两端的电压接近电池总电压差（5 V）时，认为预充电完成，总正极接触器闭合。

4）在充电模式的初始阶段，对每个电芯进行预充电，如果电芯没有短路，确保总正极接触器闭合。

（2）电流传感器和熔丝。电流传感器主要为无感分流器，在电阻器两端形成毫伏级电压信号，用于监测母线充放电电流。熔丝是防止能量回收时过电压/过电流或放电时过电流。电流传感器通过测量流过高精度电阻器的电流和电压降来判断整个电池模块的电流。由于需要模数转换器和微控制器来精确计算传感器信号并将其传输到 BMS，因此该传感器也常用于测量电池模块电压。高压动力电池模块的端子应与电动车辆的接地（零电位）绝缘，绝缘监控器用于测量接地和高压端子之间的绝缘电阻。动力电池模块的开关盒配有两个高压继电器和一个熔丝，用于安全地将动力电池模块从电动汽车上断开。外部短路将产生超过额定极限的电流，熔丝在发生外部短路时熔断，保护动力电池模块和其他部件。

10. 内压保护装置

内压保护装置为动力电池的防爆装置，当动力电池内的压力达到防爆阀的爆炸压力时，具有与外界直接接通的功能，能迅速放气，防止或减少爆炸过程中电池箱内因高压造成严重损坏，如图 1-24 所示。为了保证动力电池的安全，一般通过控制外部电路或在动力电池内部设置异常电流来切断安全装置。

其他原因也可能会导致动力电池在使用过程中，内部压力异常升高。这样，安全阀就会释放气体，防止动力电池包破裂。

动力电池安全阀（见图 1-25）是动力电池最后的保护措施。具体保护措施如下：

（1）拉断装置，当产生内压时，正极片断开。

（2）在负极片与钢壳的接触点处设有熔断器。

（3）当内压达到 1.8MPa 时，安全阀开启，气体排出，避免爆炸危险。

（4）安全阀打开后，电解液喷出，防扩散结构为气囊结构。

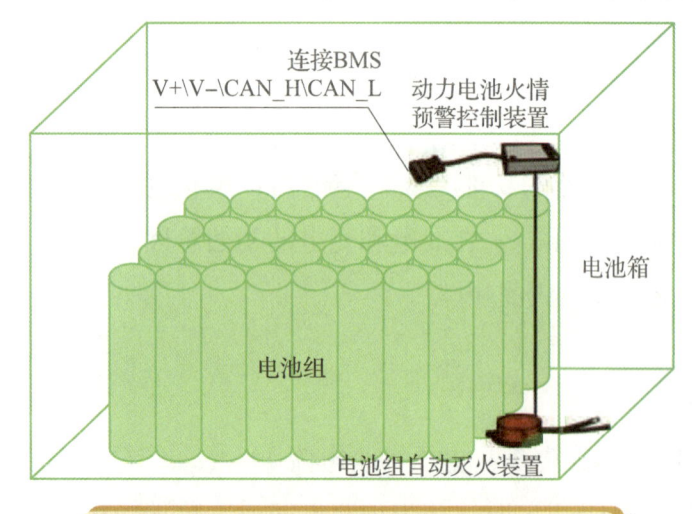

图 1-24 动力电池组模型

图 1-25 动力电池安全阀

11. 密封缓冲泡棉组件

密封缓冲泡棉组件安装在动力电池箱上盖和动力电池箱下壳之间。动力电池箱采用硅酮泡沫密封材料，具有密封、缓冲、隔振、隔热等功能，并具有阻燃、耐火性能。

12. 快换功能

为满足出租车的运营需求，有许多出租车版的动力电池带有快换功能。在车型上设计了快换锁和快换提醒功能。为了确保动力电池与快换支架安装可靠，当快换锁未锁到位时，整车控制器发出下电指令，禁止车辆起动行驶。快换提醒功能的作用是当执行快换电池操作时，整车控制器强制动力电池下电，确保零负荷更换动力电池。

快换锁内有两个霍尔传感器串联在一起监控快换锁的状态，当整车控制器监测到高电位时切断动力电池高压输出。在车辆底盘左侧快换支架上有一个快换提示传感器，当有磁铁接近快换提示传感器时，传感器输出 0V 信号，整车控制器监测到 0V 信号，立即发出指令切断动力电池主继电器，强制下电。

四、动力电池常见失效原因与检查方法

1. 动力电池失效原因

（1）动力电池系统失效模式。

动力电池系统失效模式可以分为三种不同层级，即电芯失效模式、动力电池管理系统失效模式、Pack 系统集成失效模式。电芯失效模式又可分为安全性失效模式和非安全性失效模式。

电芯安全性失效模式主要有以下几点。

1）电池正极和负极短路。

2）电解液泄漏。

3）电池负极析锂。

4）电池鼓包。

（2）非安全性故障的影响因素。

动力电池还有一种故障为非安全性故障，这种故障不会引起安全威胁，但是会影响动力电池的使用性能，如果不及时检查维修会引起更严重的问题。此类故障主要有以下几种。

1）容量一致性差。

2）过量自放电。

3）低温放电。

4）电池容量衰减。

（3）电池容量衰减的影响因素。

1）过充电。

2）溶剂氧化。

3）电解液不稳定。

4）自放电。

2. 动力电池外部检查与性能检测

（1）动力电池外部检查。

车辆断电。

动力电池不仅要有足够的能量供应能力，而且要保证安全可靠地使用，外箱结构对动力电池箱的内部有很大的影响，因此，在维修和保养电动汽车时，应检查动力电池箱的外部。通常在外部环境下，影响动力电池与系统安全性的机械故障主要有：

1）电池箱的安装固定支架断裂，造成电池箱与车体连接松动。

2）电池箱上下壳体连接螺栓疲劳断裂松动，影响密封性。

3）电池箱外壳破裂，影响密封性。

4）电池箱内部组成模块连接螺栓断裂松动，造成连接不可靠。

5）电池箱内部高压连接线或采样线绝缘层磨损暴露造成电池短路。

6）电池箱内部高压连接线断裂，造成断路或打火花。

7）电池箱内部电压、温度传感器连接松动，造成采样数据失真。

8）电池管理系统安装固定螺栓松动，造成连接不可靠。

9）电池管理系统内部元器件损坏，造成功能故障。

（2）动力电池的测试信息读取与电池性能检测。

动力电池测试信息读取。

动力电池性能检测系统主要有两个功能：通过查询电池模块内所有电芯的开路电压、容量、充放电曲线等信息，准确地挑出需要更换的短板电芯；确认重新组装后动力电池模块是否匹配良好。由检测系统组成的便携式设备主要由程控充电机、程控负载、无线采集系统和总控制器组成。系统通过与电池模块中的BMS通信来获取电池信息。

（3）动力电池外部绝缘故障检查。

为了保证动力电池有足够的输出功率，其端电压一般高于人体安全电压。在动力电池的工作环境中，振动、温度、湿度、酸碱气体腐蚀等都会导致高压线路绝缘材料老化甚至损坏，危及人身安全。对此，国家标准对车载可充电储能系统的绝缘性能做出了严格的规定：动力电池高压电路对车身接地的绝缘电阻值不应小于500Ω/V，因此，对车辆动力电池的绝缘性能进行检测，实时确定绝缘故障的位置，对车辆的安全和故障排除具有重要意义。下面以吉利EV300动力电池为例，检查其绝缘电阻。吉利EV300动力电池绝缘电阻检测电路简图如图1-26所示。

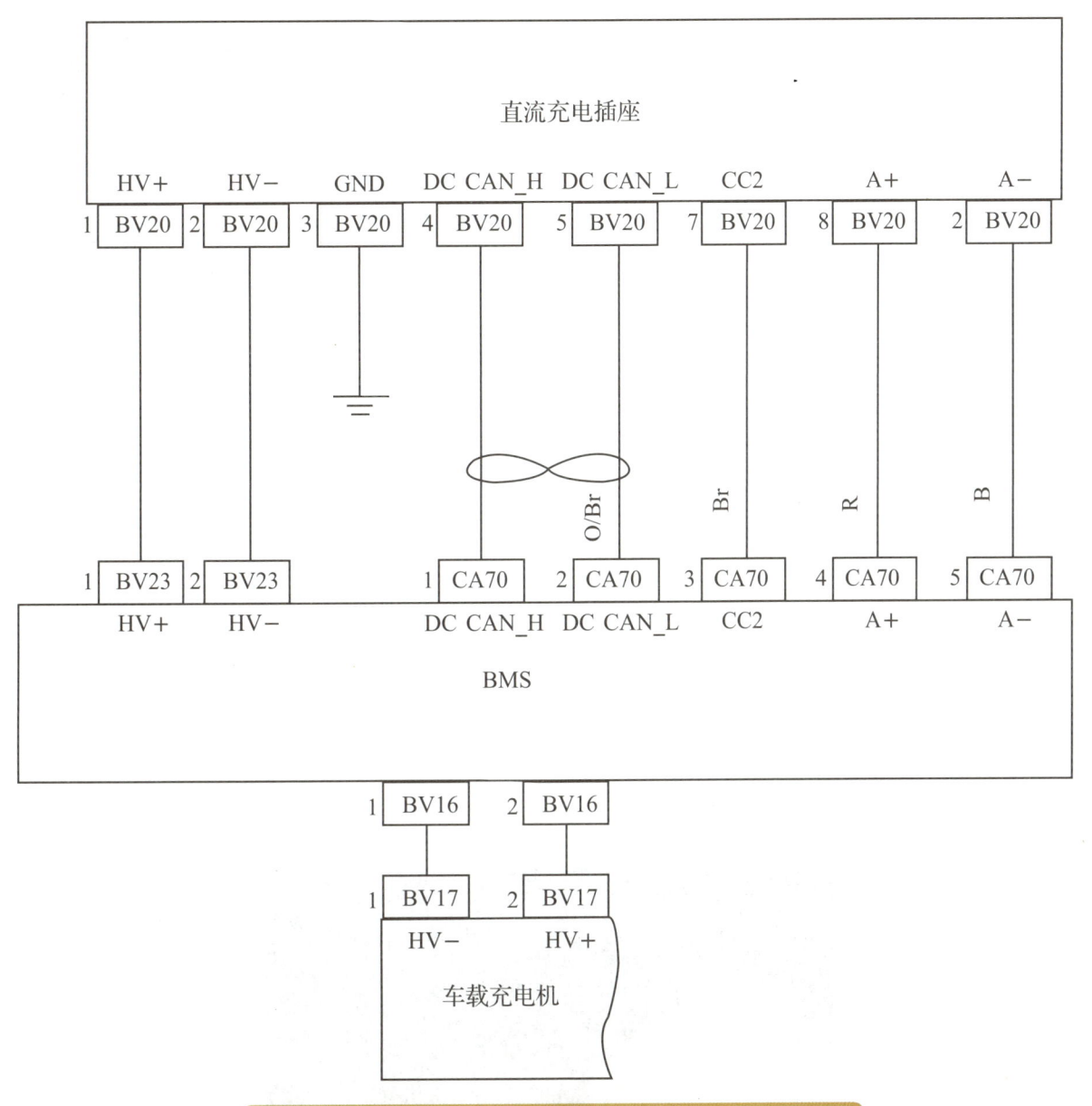

图 1-26 吉利 EV300 动力电池绝缘电阻检测电路简图

动力电池绝缘故障检查步骤如下：

第一步：确保高压电路被切断。

1）操作起动开关以关闭电源模式。

2）断开动力电池负极电缆。

3）断开直流母线。

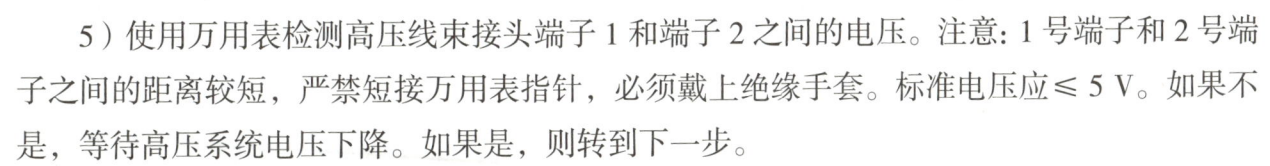

4）断开动力电池高压线束接插器，并等待 5 min，如图 1-27 和图 1-28 所示。

5）使用万用表检测高压线束接头端子 1 和端子 2 之间的电压。注意：1 号端子和 2 号端子之间的距离较短，严禁短接万用表指针，必须戴上绝缘手套。标准电压应 ≤ 5 V。如果不是，等待高压系统电压下降。如果是，则转到下一步。

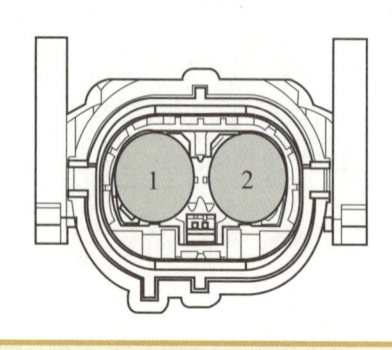

图 1-27　动力电池高压线束接插器（BV16）

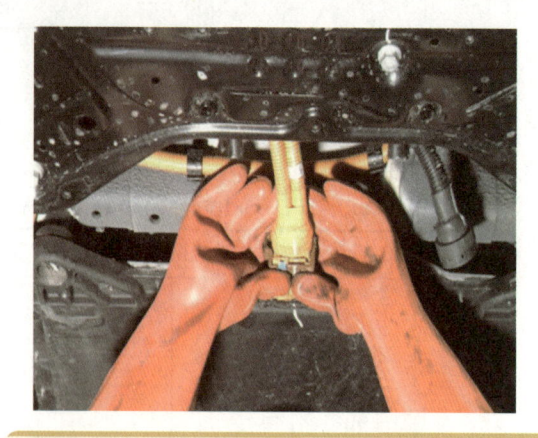

图 1-28　拆卸动力电池高压线束接插器

第二步：检查动力电池的绝缘电阻。

1）操作起动开关以关闭电源模式。

2）断开动力电池负极电缆。

3）断开直流母线。

4）拆卸动力电池高压线束接插器。

5）将高压绝缘检测仪挡位调到 1 000 V。

6）用高压绝缘检测仪测量动力电池高压线束接插器 1 号端子与车身接地之间的电阻，如图 1-29 所示。标准电阻应 ≥ 20 MΩ。

图 1-29　测量动力电池高压线束接插器 1 号端子与车身接地之间的电阻

7）用高压绝缘检测仪测量动力电池高压线束接插器 2 号端子与车身接地之间的电阻，标准电阻应 ≥ 20 MΩ。

8）确认测量值是否符合标准。如果不是，修理或更换线束。如果是，进入下一步。

第三步：检测动力电池充电线路绝缘阻值。

1）操作起动开关以关闭电源模式。

2）断开动力电池负极电缆。

3）断开直流母线。

4）拆卸动力电池高压线束接插器 BV23。

5）将高压绝缘检测仪的挡位调至 1 000 V。

6）用高压绝缘检测仪测量动力电池高压线束接插器 1 号端子与车身接地之间的电阻。标准电阻应 ≥ 20 MΩ。

7）用高压绝缘检测仪测量动力电池高压线束接插器 2 号端子与车身接地之间的电阻。标准电阻应 ≥ 20 MΩ。

8）确认测量值是否符合标准。如果不是，修理或更换线束，检查结束。

3. 动力电池内部检查与性能检测

动力电池箱长时间使用后，会产生很多的粉末层，影响正常的数据通信。因此，将动力电池箱从车上拆下后，在维护动力电池时，应拆卸动力电池箱的上盖，使用高压气枪清除里面的粉末层，然后再进一步检查其内部。

动力电池内部检查流程如下：

（1）将动力电池放在安全拆卸区，检查其安全防护和工具状态，取下动力电池组上盖。拆卸后，可以看到内部组件的分布和结构，包括电池模块。

（2）拆下模块上的接插器，查阅维修手册，查看动力电池的总电压值，然后计算每组模块的平均电压值。

注意：一定要戴防护眼镜。大多数动力电池的电解液对人体组织具有严重的腐蚀性，有些电解质是易燃的，可能会对包括眼睛在内的人体组织造成化学灼伤，应在现场放置灭火器材。

（3）测量模块。检查每组模块的电压，并与计算的平均值进行比较。注意以下几点：

1）除了更换损坏的部件外，不允许在动力电池内部进行修理工作。

2）不允许修理线束，只能更换。

3）更换损坏的部件时，必须严格遵循维修说明中指定的工作步骤。

4）使用维修说明中规定的专用工具也很重要。当维修人员满足上述所有条件时，动力电池的维修就能准确、高质量地进行。

（4）检查结束后，更换模块连接器。注意螺钉的拧紧程度应根据维修手册调整，以防损坏连接位置。

（5）从动力电池盖上拆下旧的黏结剂，用新的密封胶更换，然后按照与拆卸相反的顺序安装动力电池组。

组装时注意：检修开关、正负极、取样线应与本体开口对齐。动力电池盖应有效地密封在托盘和车身上。装配后，与车身的接头必须拧紧。

动力电池系统周期性强制保养项目如表 1-1 所示，需拆卸动力电池，也需开盖检查。

表 1-1 动力电池系统周期性强制保养项目

项目	目的	方法	工具
绝缘检查（内部）	防止动力蓄电池内部短路	断开 BMS 插头，用绝缘表 1 000 V 挡测试总正、总负对地电阻，绝缘电阻≥5000 Ω/V	绝缘表
模组连接件检查	防止螺丝松动，造成故障	用做好绝缘的扭力扳手紧固（拧紧力矩为 35 N·m），检查完成后，做好极柱绝缘	扭力扳手
熔断器检查	检查熔断器状态是否良好，遇事故时可否正常工作	用万用表二极管挡测量通断	万用表
电箱密封检查	保证电箱密封良好，防止水进入	目测密封条、更换密封条	无
继电器测试	防止继电器损坏，车辆无法上高压	用笔记本电脑上的专用监控软件，关闭总正、总负继电器，并用专用万用表进行测试	万用表、笔记本、CAN 卡
电池包高低压线缆安全检查	确保电池包内部线缆无破损、漏电	目测电池箱内部线缆是否破损	目测
电芯防爆膜、外观检查	防止电芯损坏、漏电	目测电芯防爆膜、电芯外观是否破损	目测
CAN 电阻检查	确保通信质量	下电情况：用万用表电阻挡测量 CAN_H 与 CAN_L 之间的电阻	万用表
电池包内部干燥性检查	确保电池箱内部无水渍	打开电池箱，目测观察电池箱内部是否有积水，测量电池箱是否绝缘	绝缘表
电池加热系统测试	确保加热系统工作正常，避免冬季影响充电	向电池箱通 12 V 电压，打开监控软件，起动加热系统，目测风扇是否工作正常或者加热膜片是否工作正常	12 V 电源、笔记本、CAN 卡

实训操作模块

实训一　更换电动汽车动力电池总成

实训目标

（1）掌握并复述动力电池成组的结构组成。
（2）掌握动力电池电芯的检查与维护方法。
（3）掌握动力电池更换方法。
（4）掌握动力电池连接方法。

实训任务

一辆2018款吉利帝豪EV450电动汽车出现动力电池故障（严重）。经专业设备检测，需对其动力电池包进行更换。你知道动力电池更换的步骤吗？

任务实施

1. 请进行维修作业前检查及车辆防护，并记录信息

①维修作业前现场环境检查

作业内容：
检查绝缘垫，设立隔离柱，布置警戒线，张贴警示牌。

作业结果：
_____
_____

②维修作业前防护用具检查

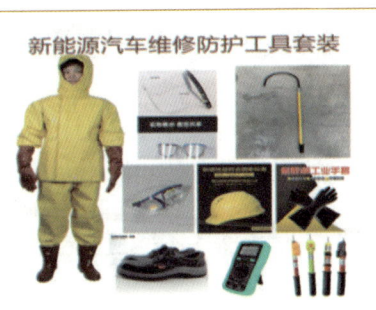

作业内容：
绝缘手套、绝缘鞋、护目镜、安全帽外观及性能检查。

作业结果：
_____
_____

③维修作业前仪表工具检查

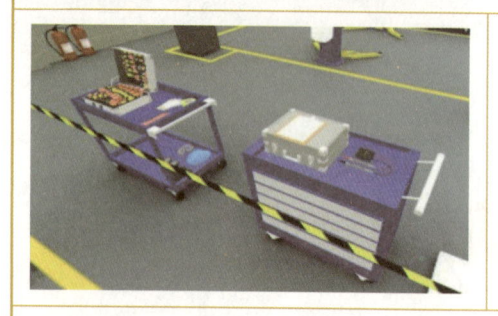

作业内容：
绝缘万用表、绝缘工具箱、放电工装外观及性能检查。

作业结果：
_____
_____

④维修作业前实施车辆防护

作业内容：
铺设翼子板防护垫、汽车维修三件套、脚垫。

作业结果：
_____
_____

2. 请完成纯电动汽车高压断电流程，并记录信息

①关闭点火开关，钥匙安全存放。断开低压蓄电池负极并绝缘处理

点火开关位置：	□START □ON □ACC □LOCK
钥匙存放位置：	□主修人 □安全柜 □监护人
蓄电池负极拆卸工具：	开口扳手
负极柱绝缘处理：	□绝缘防尘帽 □绝缘胶带
完成情况：	□是 □否

②拆卸检修开关，放置警示标识。举升车辆至合适位置，拆卸动力电池连接器遮板

拆卸时需佩戴手套：	□白线手套 □绝缘手套
检修开关安全存放：	□主修人 □安全柜 □监护人
提示：	拆卸完毕后必须原位放置警示牌，避免他人误触电。若实训车型无检修开关，则拆卸 PDU/PEU 低压接插件
完成情况：	□是 □否

③断开动力电池高、低压接插件并绝缘处理高压端口

低压接插件解锁方法：	逆时针轻轻旋转接插件端部螺帽，直至接插件完全退出
高压接插件解锁方法：	将蓝色锁销向后拉出，侧向按压标有"PRESS"的锁扣退出棕色壳体，最后向上顶起锁扣向外拔出即可
残余电荷释放方式：	□静置 5 min □验电放电
完成情况：	□是 □否

3. 拆卸前检查动力电池底部，并记录数据

	底部表面检查：□划痕 □锈蚀 □凹陷 □完好
	慢充线束检查：□破损 □裂纹 □松动 □完好
	提示：拆卸前若发现动力电池底部表面存在问题，必须及时记录且上报主管批复后再进行
	完成情况：□是 □否

4. 举升车推至电池底部位置锁止脚轮，连接气源后检查举升车性能

	举升车锁止脚轮个数：□1 □2 □3 □4
	检查动力蓄电池举升车托盘： □举升正常 □举升卡滞
	检查举升车液压装置：□完好 □漏油
	提示：若发现电池举升车存在故障，必须及时更换举升设备
	完成情况：□是 □否

5. 举升托住动力电池，按顺序拆卸固定螺栓

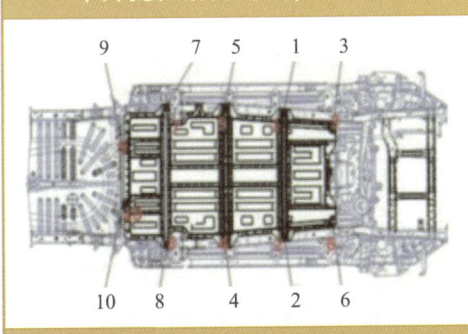

	底盘电池固定螺栓数量：□8 □10
	定位销安装位置：□左前 □左后 □右前 □右后
	电池固定螺栓品牌：_____
	提示：临近电池箱底时缓慢举升，保持电池重心平稳，托盘与电池紧密贴合后，停止举升
	完成情况：□是 □否

6. 缓慢降下电池，移动到指定位置，完成外观检查，并记录信息

	检查螺栓及螺纹孔：□完好 □损坏
	检查电池箱体外壳：□完好 □破损 □裂纹
	记录动力电池编码：_____
	提示：降下动力电池时，切勿断开举升车气源，切勿将手放置在举升车支臂间
	完成情况：□是 □否

7. 待维修完毕，检查电池舱，逆序安装动力电池，并上电检查

	检查动力电池舱：□完好 □脏污 □锈蚀
	固定螺栓规定力矩：_____N·m
	仪表现象：□正常无故障 □异常报故障
	提示：安装时，先连接高压接插件，再连接低压接插件
	完成情况：□是 □否

实训二　更换动力电池包内部组件

实训目标

（1）掌握动力电池系统内部的组成部分及部件功能。
（2）掌握更换动力电池内部组件的操作方法和注意事项。
（3）通过小组合作完成更换动力电池包内部组件的任务。

实训任务

　　EV450 动力电池故障，确定需要对动力电池进行解体，此时需要你作为维修人员协助技术主管按照规范程序，从车上拆卸动力电池，技术主管完成维修后，需要你对动力电池进行安装，并确认其工作状态正常。

任务实施

1. 请进行维修作业前检查及车辆防护，并记录信息

①维修作业前现场环境检查

作业内容：
检查绝缘垫，设立隔离柱，布置警戒线，张贴警示牌。

作业结果：
_____
_____

②维修作业前防护用具检查

作业内容：
绝缘手套、绝缘鞋、护目镜、安全帽外观及性能检查。

作业结果：
_____
_____

③维修作业前仪表工具检查

作业内容：
绝缘万用表、绝缘工具箱、放电工装外观及性能检查。

作业结果：
_____
_____

④维修作业前实施车辆防护

作业内容：
铺设翼子板防护垫、汽车维修三件套、脚垫。

作业结果：
_____
_____

2. 拆卸电池模块

①根据电池检测仪器显示的故障电芯采样点，对应电芯位置示意图确定故障电芯位置及需要拆卸的电池模块

②用斜口钳子将电池模块连接大线端部固定护套的扎带剪断，并置于指定位置内，利用六角扳手将连接大线处螺栓旋出，并将拆下的螺栓、平弹垫、端部护套等零件置于指定位置，以备安装时使用。最后将拆卸后的大线端部用绝缘胶带进行防护

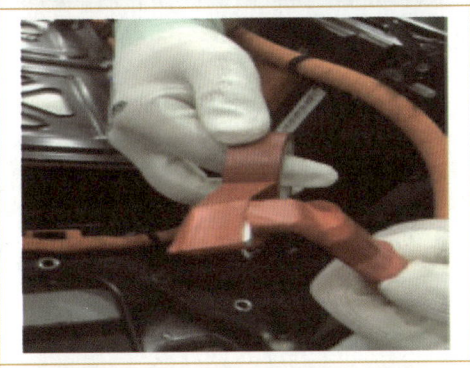

③拆卸故障电芯所在模块上的采集单元及连接线束并将拆卸后的采集单元、螺栓、紧固辅料等零件置于指定位置。最后用绝缘胶带将线束固定到远离操作区域的位置，以免操作时对线束造成意外伤害

④拆卸电池模块压板，利用拆装工具将固定螺栓旋出，并置于指定容器。将电池模块移出箱体，置于指定操作位置

3. 拆卸最小单体电池

	①将故障电池上盖拆下，然后利用十字螺丝刀将采样线固定螺栓拆下，并将其置于指定位置
	②利用工具将故障电芯连接排紧固件旋出，拆下连接排，将连接排、平垫、弹垫置于指定位置
	③依次将故障电芯的下护套、上护套拆下，拔出连接片，如果连接片折断在护套安装孔内需用斜口钳子对上下护套安装口进行清洁
	④标记故障电芯条码、故障现象、更换时间等信息后，将其置于返修容器内，以备返厂维修

4. 更换最小单体电池

①安装电芯上下护套，注意如有损伤，需更换新护套进行安装，安装后电芯应于护套贴合紧密，不发生相对移动

②将更换电芯安装到电池模块内，摆放位置要正确。连接片、侧护套等零件如有损坏，需更换新零件进行安装

③利用连接排连接电芯极柱，极柱表面如有焊点利用砂纸将焊点打磨平整，确保连接排下表面与极柱上表面贴合紧密。应用扭力扳手将法兰螺母或铝螺栓固定到电芯极柱上，法兰螺母力矩设定为 5.6 N·m，铝螺钉力矩设定为 3 N·m。确定螺栓紧固后，对紧固件加点螺纹紧固剂

④将采样线OT头利用螺栓紧固到连接排安装孔上，紧固后弹垫压平无翘起现象。对螺栓加点防松胶。向指定位置注入导热硅胶，注意不要将安装孔注满，注入三分之二为宜。之后将温度采样线插入安装孔内。温度采样线下端应于护套平行。最后用热熔胶将线体固定到电芯护套上，注意加热熔胶前确保护套上表面清洁无尘，加点热熔胶，其面积应大于热硅脂面积

5. 电池模块入箱及线束连接

①安装电池盖，将电池模块安装到箱体内，注意：如向前清理箱体，确定箱体内保温层无损坏

②安装电池模块压板，利用内六角扳手将压板压紧，确保紧固后螺栓弹垫平整无翘起

③安装电池采集单元，确保采集单元的安装位置，端口朝向、安装要正确，原有绑线扣的位置要重新加装绑线扣

④将暂时固定线束的绝缘胶布拆下，将接插件按照标记插入相应的断口中。注意安装 BVT 线束要注意接插件插入顺序。线束连接完成后，用扎带将线束固定到绑线口上。注意端口处线束要留有一定余量

⑤拆下大线端部绝缘防护，将大线铜鼻子固定到模块输出排上，用内六角扳手紧固螺栓，紧固后平垫平整无翘起，检测扭矩值为 5.6 N·m 以上。最后安装护套用扎带固定，护套必须完全覆盖连接点

6. 拆卸故障 BMS 连接线束

①将故障 BMS 周围固定线束的扎带剪断，确保接插件处线束松弛不受限制，将剪断的扎带放置于指定的容器内避免遗漏在电池箱体内

②将故障 BMS 端口处接插件拔出，注意：拆卸接插件时需一只手轻按住 BMS 外部铝壳，另一只手摁住接插件缓缓将其拔出，禁止以提拉线束的方式拔出接插件

③将拆卸后的线束用绝缘胶带暂时固定在远离故障 BMS 的地方，避免操作过程中对线束造成意外伤害

7. 更换 BMS

①利用套筒将 BMS 固定点螺母旋出，并将拆卸后的螺母、平垫、弹垫、绑线扣等零件置于指定容器内。旋出 BMS 固定点螺母

②将故障 BMS 拆下并置于 BMS 返修的容器内

③将新 BMS 摆放于安装板上，确保与安装板贴合紧密无间隙，接插件口朝向正确无误

④手动将螺母旋入安装板铆螺柱上，需加装平、弹垫，原有安装绑线扣处重新安装绑线扣，旋入后螺母下表面应与安装板平行。在螺母旋至铆螺柱底部时，利用套筒对螺母进行紧固，紧固完成后，应确保螺栓弹垫平整无翘起，螺母下表面与平垫及 BMS 固定孔上表面应贴合紧密无缝隙

实训三 检测电动汽车动力电池性能

实训目标

（1）知道锂离子蓄电池的常见故障诊断模型。
（2）掌握动力电池管理数据采集与故障信息读取方法。
（3）知道动力电池成组安全性能要求。

实训任务

一辆2018款吉利帝豪EV450电动汽车出现动力电池故障（严重）。经专业设备检测发现动力电池失效。为查明原因需对动力电池进行性能检测。你知道动力电池性能检测的步骤吗？

任务实施

1. 请进行维修作业前检查及车辆防护，并记录信息

①维修作业前现场环境检查

	作业内容： 检查绝缘垫，设立隔离柱，布置警戒线，张贴警示牌。 作业结果： _____ _____

②维修作业前防护用具检查

	作业内容： 绝缘手套、绝缘鞋、护目镜、安全帽外观及性能检查。 作业结果： _____ _____

③维修作业前仪表工具检查

	作业内容： 绝缘万用表、绝缘工具箱、放电工装外观及性能检查。 作业结果： _____ _____

④维修作业前实施车辆防护

	作业内容： 铺设翼子板防护垫、汽车维修三件套、脚垫。 作业结果： _____ _____

2. 动力电池的测试信息读取与电池性能检测

①故障诊断仪连接到车辆的诊断接口

	点火开关位置：□START □ON □ACC □LOCK
	钥匙存放位置：□主修人 □安全柜 □监护人
	进入系统后，选择主控制器系统，单击"读取系统故障"： □是 □否
	进入高压电池管理系统：□是 □否
	完成情况：□是 □否

②打开电池模块性能检测系统，检测电池模块、电芯达到放电截止电压点时的电压和电压差、充电/放电容量和其他信息

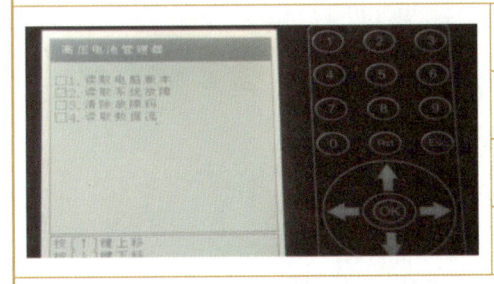

	读取电压和电压差：□是 □否
	读取充电/放电容量：□是 □否
	读取其他信息：□是 □否
	完成情况：□是 □否

③检测数值有异常，读取故障电池的地址码，并按照地址编码将该电池更换

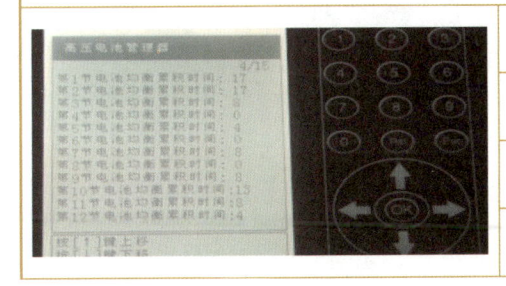

	检测数值有异常：□是 □否
	读取故障电池的地址码：□是 □否
	按照地址编码将该电池更换：□是 □否
	完成情况：□是 □否

3. 测量动力电池电源线束电压

	打开万用表测量动力电池电源线束：□是 □否
	观察万用表的读数：□是 □否
	测量结束后关闭万用表：□是 □否
	完成情况：□是 □否

4. 安装动力电池母线线缆

	安装线缆到高压控制箱：□是 □否
	拧上固定螺栓：□是 □否
	标准力矩为：10 N·m
	完成情况：□是 □否

5. 清除防护胶带，安装动力电池负极端子

	清除防护胶带，安装动力电池负极端子
	完成情况：□是 □否

模块二

充电系统的检修

基础知识模块
JICHU ZHISHI MOKUAI

电动汽车充电系统

一、电动汽车充电系统认知

1. 慢充系统

（1）电动汽车充电系统。

电动汽车充电系统是维持电动汽车运行的能源补给设施，是从供电电源提取能量对动力电池充电时使用的有特定功能的电力转换装置。主要包括交流（慢速）充电系统和直流（快速）充电系统，电动汽车充电系统如图2-1所示。

电动汽车对充电系统的基本要求如下：

1）安全性。包括人员的人身安全和动力电池的安全。

2）易用性。具有较高的智能性，不需要操作人员过多干预充电过程。

3）经济性。价格低廉、性能优异的充电设备有助于降低整个电动汽车的成本，促进电动汽车的商业化推广。

图 2-1 电动汽车充电系统

4）高效性。高效率是对现代电动汽车充电系统的重要要求之一。

5）低污染性。采用电力电子技术的充电设备是一种高度非线性的设备，会对供电网及其他供电设备产生有害的谐波污染，而且由于充电设备功率因数低，在充电系统负载增加时，对供电网的影响也不容忽视。

（2）慢速充电系统。

慢速充电系统通过慢速充电线束（家用慢速充电线束、充电桩慢速充电线束）与 220 V 家用交流插座或交流充电桩相连为动力电池进行充电；慢速充电系统将 220 V 交流电转化为直流电，以实现动力电池的电能补给。

1）慢速充电系统构成。

慢速充电系统主要由供电设备（交流充电桩或家用交流电源）、车载充电机、慢充充电口、充电枪、高压线束、低压控制线束、高压控制盒、动力电池、整车控制器（VCU）等部件组成，慢速充电系统的构成如图 2-2 所示。

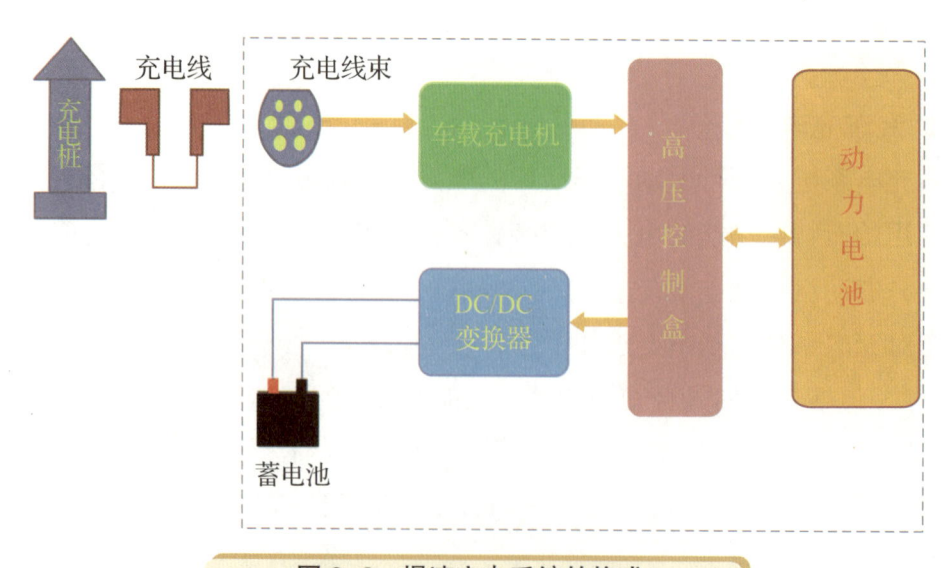

图 2-2 慢速充电系统的构成

交流充电桩是采用传导方式为具有车载充电机的电动汽车提供交流电能，提供人机操作界面和交流充电接口，并具备相应保护功能的专用装置，如图2-3所示。交流充电桩可应用在各种大、中、小型电动汽车充电站中。其特点是充电功率较小，电池充电时间较长，可充分利用低谷时段充电。

2）慢速充电接口。

慢速充电接口（慢充充电口）适用于电动汽车传导充电使用，其接口功能定义执行国家标准GB/T 20234.2—2015《电动汽车传导充电用连接装置第2部分：交流充电接口》规定。慢速充电接口的额定值如表2-1所示。

图 2-3 交流充电桩

表 2-1 慢速充电接口的额定值

额定电压 /V	额定电流 /A
250	16
	32

吉利EV450的慢充充电口位于传统汽车的油箱口部位，打开充电盖后可以看到充电插头为7孔式，如图2-4所示。慢充充电口各端子定义如图2-5所示。另外需要注意：不充电时禁止打开充电盖。

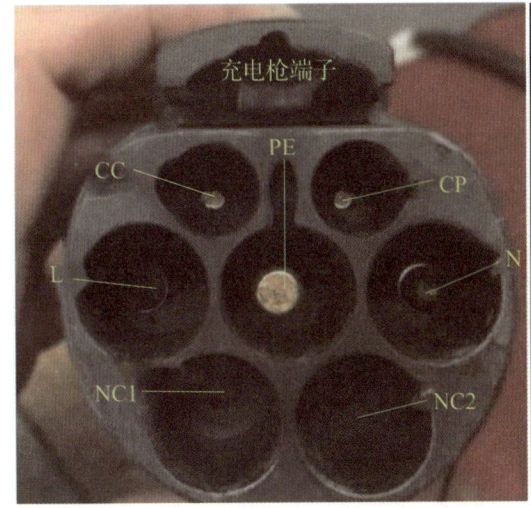

交流充电口端子定义	
CC	充电连接确认信号
CP	控制确认
PE	接地保护
L	交流电源
N	零线
NC1	备用1
NC2	备用2

图 2-4 慢充充电口

图 2-5 慢充充电口各端子定义

（3）慢速充电工作原理。

1）慢速充电系统对充电条件的要求。

①充电线连接确认信号正常；

②车载充电机供电电源正常（包括220 V和12 V）及车载充电机工作正常；

③充电唤醒信号输出正常（12 V）；

④充电桩、整车控制器（VCU）、电池管理系统（BMS）之间通信正常；
⑤动力电池电芯温度为5~45℃；
⑥单体电池最高电压与最低电压差小于0.3 V；
⑦单体电池最高温度与最低温度差小于15℃；
⑧绝缘性能大于20 MΩ；
⑨实际单体电池最高电压不大于额定单体电池电压0.4 V；
⑩高、低压电路连接正常。

2）慢速充电系统工作过程。

交流充电桩（或家用16 A供电插座）提供的交流电经车载充电机整流、滤波、升压后转换为高压直流电压，通过高压控制盒连接到动力电池，慢速充电系统工作原理如图2-6所示。

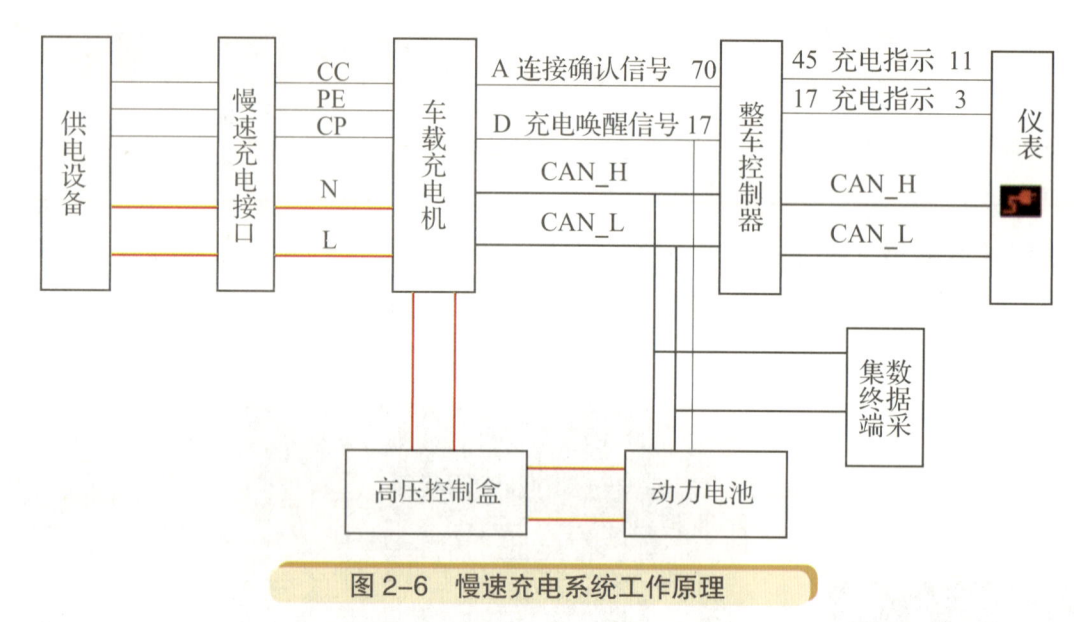

图2-6 慢速充电系统工作原理

①机械连接：将充电枪连接到汽车侧慢速充电接口。

②连接信号：OBC发送连接确认信号给VCU，VCU发送通电指示到仪表上。

③充电唤醒：OBC给VCU和BMS发出充电唤醒信号。VCU唤醒仪表显示连接状态。

④BMS被唤醒后，BMS检测充电需求，确定动力电池的电量情况和所需电流。

⑤BMS发送充电指令给OBC，并控制动力电池继电器闭合，开始充电。

⑥充电开始：OBC将外部220 V交流电整流成直流电，通过PDU输送到动力电池。

⑦BMS检测到充电完成后，给车载充电机发送指令，车载充电机停止工作，动力电池继电器断开，充电结束。

2. DC/DC

车载电源变换器分为DC/DC变换器和DC/AC变换器。在电动汽车的电力系统中，车载电源变换器主要是 DC/DC 变换器，分为 Buck、Boost 和双向三种形式。DC/DC 变换器单独放置或集成在集成控制器中并可以通过自然冷却，有输入过电压/欠电压保护、输出过电压/欠电压保护、输出过载短路保护、过温保护等功能，并具有工作效率高、体积小、耐高温、耐恶劣工作环境等优点。

（1）DC/DC 变换器结构与类型。

DC/DC 变换器是将一种直流电转换成另一种直流电的变换装置，是实现电能转换和传输的重要电气设备。

DC/DC 变换器的作用是代替传统汽车的发电机。它将动力电池的 290~420 V 高压直流电源转换为车辆的 12 V 低压直流电源，并为车辆的低压电源系统供电，为铅酸蓄电池充电。DC/DC 变换器的内部结构如图 2-7 所示，DC/DC 变换器的组成如图 2-8 所示。根据拓扑结构的不同，双向 DC/DC 变换器有两种：隔离型和非隔离型，主要区别在于有无变压器。隔离双向 DC/DC 变换器采用隔离方式，高压侧和低压侧由变压器隔离。常用的隔离双向变换器有反激隔离双向变换器、半桥隔离双向变换器和全桥隔离双向变换器。隔离双向 DC/DC 变换器不能满足电动汽车用大功率双向 DC/DC 变换器的要求。由于变压器的存在，当隔离双向 DC/DC 变换器的工作频率过低时，会导致变压器铁芯饱和并产生过大的磁化电流，MOSFET 开关损耗较大，电流容量小，隔离双向 DC/DC 变换器工作频率范围窄。隔离双向 DC/DC 变换器仅用模拟电路很难控制其状态切换，控制方法也比较复杂，因此，非隔离双向 DC/DC 变换器更常用。

图 2-7 DC/DC 变换器的内部结构

图 2-8 DC/DC 变换器的组成

（2）IGBT。

IGBT 的中文名称是绝缘栅双极功率晶体管，它是一种常用的晶体管。IGBT 是由 MOSFET 双极型晶体管复合而成的一种器件，其输入极为 MOSFET，输出极为 PNP 晶体管。它融合了这两种器件的优点，既具有 MOSFET 器件驱动功率小和开关速度快的优点，又具有双极型器件饱和压降低而容量大的优点，它的频率特性介于 MOSFET 与功率晶体管之间，可正常工作于几十千赫兹频率范围内。若在 IGBT 的栅极 G 和发射极 E 间加上驱动正电压，MOSFET 导通，这样 PNP 晶体管的集电极 C 与基极 B 之间成低阻状态而使晶体管导通；若

IGBT 的栅极和发射极之间电压为 0 V，则 MOSFET 截止，切断 PNP 晶体管基极电流的供给，使晶体管截止。IGBT 与 MOSFET 一样也是电压控制型器件，在它的栅极 G 与发射极 E 间施加十几伏的直流电压，只有微安级的漏电流流过，基本上不消耗功率。

（3）DC/DC 变换器日常维护。

DC/DC 变换器日常维护：DC/DC 变换器日常维护的要求与方法如表 2-2 所示。

表 2-2　DC/DC 变换器日常维护的要求与方法

保养类别	维护内容
A 类	检查外壳是否有明显碰撞痕迹，各连接导线应无破损、碰擦、连接良好，高低压接线端子连接牢靠、无松动。散热齿上尽可能减少杂物，保证散热时风道畅通，必要时清洁外表面
B 类	检查 DC/DC 变换器外壳是否有明显碰撞痕迹，各连接导线应无破损、碰擦、连接良好，高低压接线端子连接牢靠、无松动。端子无锈蚀、紧固力矩足够。散热齿上尽可能减少杂物，保证散热时风道畅通，必要时清洁外表面。检测 DC/DC 变换器绝缘电阻，使用绝缘电阻表，测量 DC/DC 高压输入与车身（外壳）的绝缘电阻，应大于 20 MΩ

（4）DC/DC 变换器常见故障检查的方法。

1）常见故障。动力电池在行驶过程中出现故障的主要原因有接头连接不正常、高压熔断器熔断、使能信号输入不正常、DC/DC 变换器本体故障等。

2）故障排除思路。

a. DC/DC 高压系统检测。某车型 DC/DC 变换器工作原理如图 2-9 所示，检查高压控制箱的 DC/DC 变换器熔丝是否正常，接触面是否烧蚀、生锈，螺钉是否松动。

b. DC/DC 低压系统检测。检查 DC/DC 变换器低压输出极是否接地；检查 DC/DC 变换器低压输出极是否接主熔丝盒 DC/DC 变换器熔丝；检查主熔丝；检查使能信号线，检查 DC/DC 变换器低压控制接插件 A 脚是否与车辆连接控制器针脚导通；检查故障信号线，检查 DC/DC 变换器低压控制接插件与整车控制器针脚是否导通；检查 DC/DC 变换器低压控制接插件针脚与整车控制器针脚是否导通；检查使能信号，检查车辆正常起动后，DC/DC 变换器低压控制接插件 A 脚电压是否为 12 V。如果没有电压，检查整车控制器，必要时更换。

c. 通过诊断系统测试。连接诊断仪，

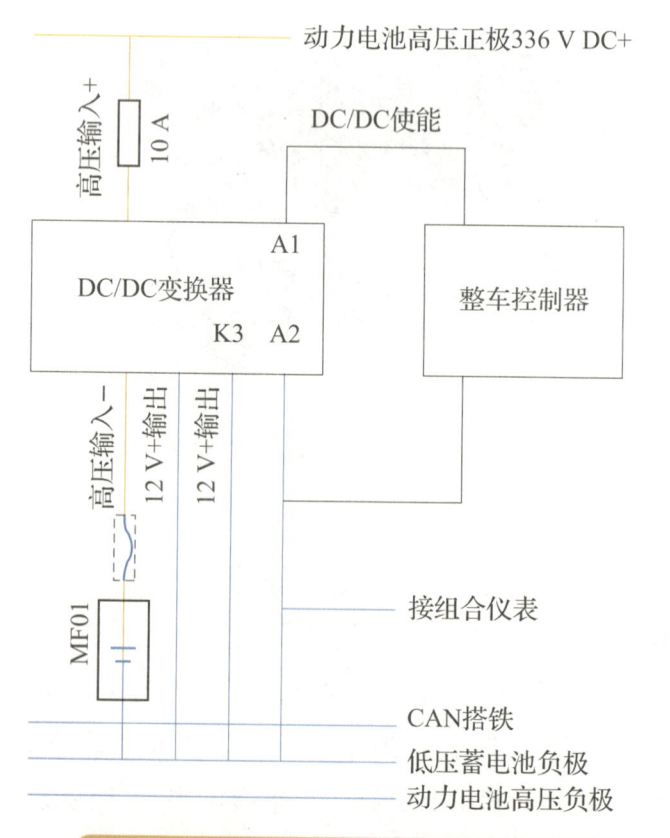

图 2-9　某车型 DC/DC 变换器工作原理

进入整车控制器界面，查看动力电池故障码，分析数据对应的实际工况。读取数据流，选择电源电压，进行车辆路试。对道路试验结果进行分析，找出准确的故障点。

3）DC/DC 变换器不工作。

a. 将点火开关置于断开位置，断开所有电器并拔出钥匙。

b. 按下低压蓄电池的锁定部分，打开盖子，露出低压蓄电池的正极。

c. 用专用万用表直流电压挡测量低压蓄电池的电压并记录。

d. 将点火开关置于接通位置。

e. 当车上的电气设备关闭时，用专用万用表电压挡测量低压蓄电池的电压。此时，测量出的电压是 DC/DC 变换器输出的电压。如果该值为 13.8~14 V，则判断 DC/DC 变换器工作正常。

f. 如果测量值低于规定值，也有可能是车上的电气设备没有关闭。

4）仪表报告动力电池故障排除。

a. 直流/直流高压系统检测。检查高压控制箱的 DC/DC 变换器熔丝是否正常，高压控制箱、高压附件线束、DC/DC 变换器之间的高压输入电路是否正常。

b. 直流/直流低压系统检测。检查 DC/DC 变换器低压接地线、熔丝、使能信号、故障信号等线路及部件是否正常。

c. 通过诊断系统测试。连接诊断测试仪，读取数据流，选择电源电压，然后执行路试。将所有电气设备都打开，测试 10 min，如果电压是 3.5 V，正常。当最大波动大于 2 V，最低电压达到 11.6 V，车辆报警值为 12 V 时，此故障应与驱动系统干扰有关。更换驱动电机，再进行路试，检查输出电压是否正常，正常情况下在 13.6 V 时基本稳定。

3. 车载充电机

充电机有车载充电机与非车载充电机两类，如图 2-10 所示。非车载充电机又分为快速充电机（直流）与一般充电机（交流）两类。

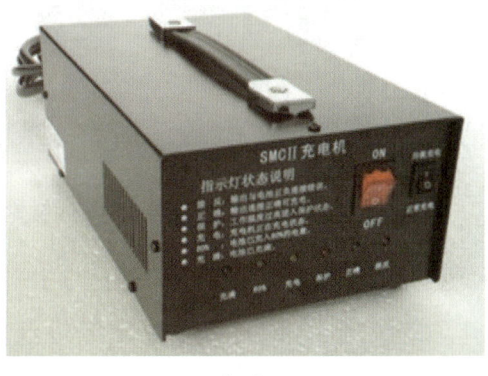

（a） （b）

图 2-10 充电机
（a）车载充电机；（b）非车载充电机

（1）车载充电机作用与功能。

车载充电机是固定安装在电动汽车上的充电机，采用高频开关电源技术，其主要功能是将交流 220 V 电源转换成高压直流电源为动力电池充电。同时，车载充电机提供过电压、欠电压、过电流、欠电流等保护功能，当充电系统出现异常时，会及时停止充电。车载充电机在工作过程中，需要对充电桩、BMS 等部件进行协调。根据 BMS 提供的数据，动态调整充电电流或电压参数，执行相应动作，完成充电过程。如图 2-11、图 2-12 所示，车载充电机可以独立安装，也可以与其他部件集成。

图 2-11 独立安装的车载充电机

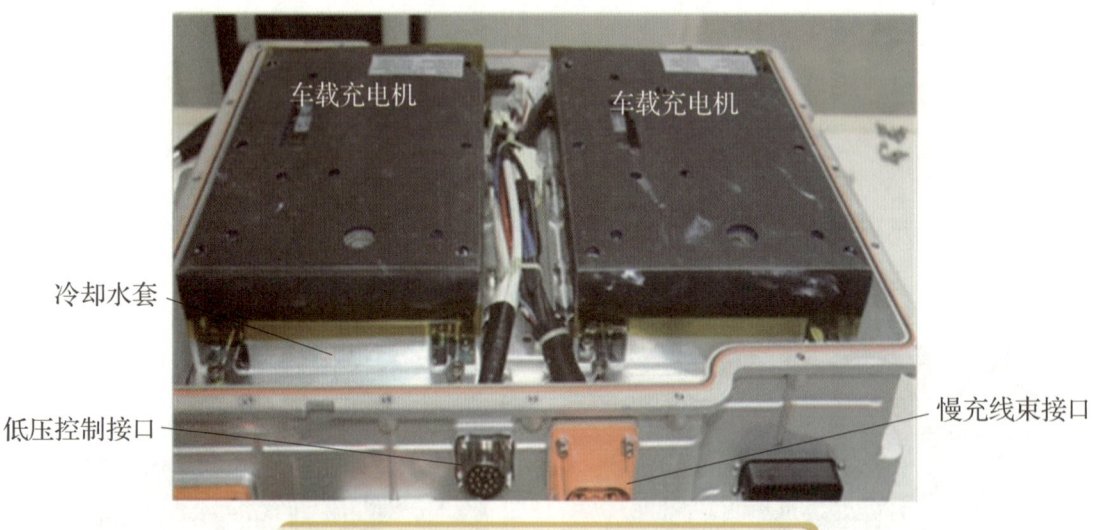

图 2-12 集成安装的车载充电机

车载充电机的特点包括：

1）充电功能：通过插头和交流充电桩连接交流充电端口，将 220 V 交流电源转换为直流高压电源，通过车载充电机给动力电池充电。

2）保护功能：车载充电机具有接地、停电、短路、过电压、欠电压、过电流、过温、高压输出反接、低压输入反接等保护功能。

3）冷却方式：车载充电机的冷却方式为水冷，冷却液温度为 –40~85℃（60℃满功率），充电机工作正常。

4）唤醒方式：汽车充电机唤醒方式为 BMS 提供 12 V 电压唤醒。

5）CAN 通信：车载充电机通过 CAN 通信与车辆其他控制模块交互，被动执行 BMS 充电控制指令，实现充电功能。

6）高压联锁检测：车载充电机具有高压联锁检测功能，通过低压线束将动力电池组输出的高压接插器的联锁信号与充电接口盖板检测开关串联，并通过 CAN 网络向车辆报告。

7）插座温度检测：车载充电机通过温度传感器实时检测交流充电插座的温度，并报告给车辆，实现交流插座超温保护功能。

（2）**车载充电机结构**。

以某车型为例，将车载充电机的内部分为主电路、控制电路、线束和标准件三个部分，如图 2-13 所示。主电路的前端将交流电源转换为恒压直流电源，主要是全桥电路 +PFC 电路，后端是 DC/DC 变换器，将前端输出的直流高压电转换为合适的电压和电流为电池供电。控制电路用于实现对 MOS 晶体管开关的控制、与 BMS 的通信、对车载充电机状态的监控、与充电桩的连接等功能。主电路与控制电路、固定元件与电路板的连接采用线束和标准件。

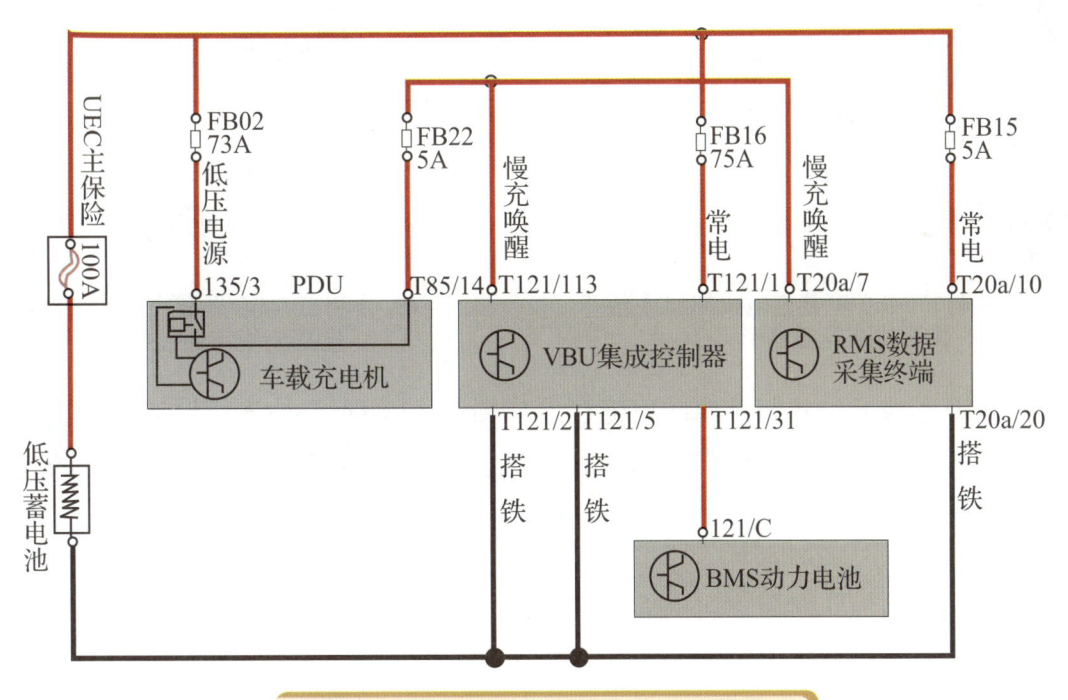

图 2-13 某车型的车载充电机主电路

（3）**吉利 EV450 车载充电机**。

吉利 EV450 车载充电机和其他部件的连接如图 2-14 所示。可以看出，车载充电机除了通过直流母线和动力电池连接外，还通过高压线束和动力电池、PTC 加热器、驱动电机控制器连接，同时还有接口与交流充电接口相连，通过低压线束和整车控制器等进行通信，同时有冷却水进出水口。

图 2-14 吉利 EV450 车载充电机和其他部件的连接

　　吉利 EV450 车载充电机与加热器高压线束连接器如图 2-15 所示。该连接器通过高压线束连接 PTC 加热器。

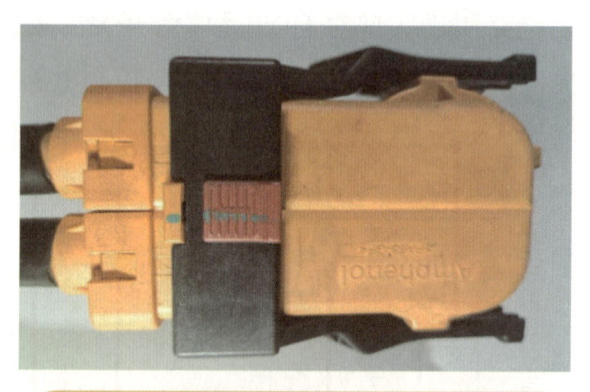

　　吉利 EV450 车载充电机与交流充电插座线束连接器如图 2-16 所示。该连接器通过高压线束连接交流充电插座。

图 2-15 吉利 EV450 车载充电机与加热器高压线束连接器

图 2-16 吉利 EV450 车载充电机与交流充电插座线束连接器

　　吉利 EV450 车载充电机与低压线束连接器如图 2-17 所示。该连接器通过低压线束连接交流充电插座。如表 2-3 所示为吉利 EV450 车载充电机与低压线束连接器接口定义。

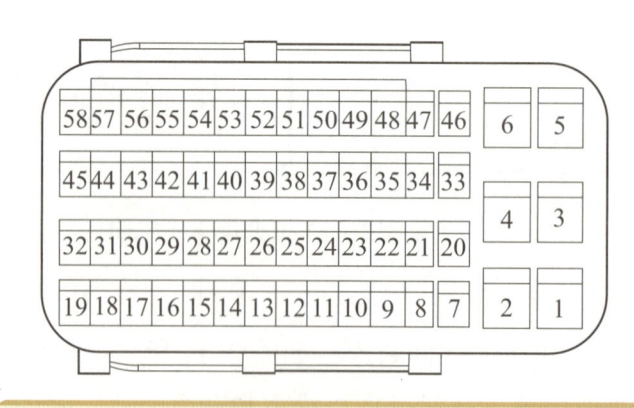

图 2-17 吉利 EV450 车载充电机与低压线束连接器

表 2-3　吉利 EV450 车载充电机与低压线束连接器接口定义

端子号	定义	颜色
4	KL30	R
6	接地	B
17	充电口温度检测 1 地	B/W
19	唤醒	0.5Y/B
26	高压互锁入	W
27	高压互锁出	Br/B
30	电子锁状态	W/R
34	充电口温度检测 1	B/Y
39	CC 信号检测	O
41	对应灯具 2 脚	P/B
44	电子锁正极	W/L
47	对应灯具 3 脚	L
49	对应灯具 4 脚	O/G
50	CP 信号检测	V/B
54	CAN_L	L/B
55	CAN_H	Gr/O
57	电子锁负极	W/B

（4）车载充电机的更换。

现以吉利 EV450 为例，讲解独立式车载充电机的更换方法。车载充电机安装在机舱动力总成支架上，靠近电机控制器。

在操作前应当注意：

检修前首先拔下手动维修开关，维修开关应放在安全的地方。在任何情况下，禁止任何人在车辆未完全断电的情况下对车辆进行维护操作，等待 10 min 后才可以进行操作。

检查车辆高压部件和线束是否损坏或外露，为避免人身伤害，不要触摸高压线束、接头和其他高压部件，包括驱动控制装置、高压配电装置、车载充电机、高压主电缆线、快速充电插头、快速充电插座、动力电池、驱动电机、慢速充电插座、慢速充电插头、电加热器和空调压缩机等高压元器件。严禁拆卸车内高压电气元件，要拔掉或断开车上高压接插器和电缆，否则可能造成严重触电事故和车辆损坏。车内高压电缆采用橙黄色波纹管包裹，应注意标识。

不要触摸断裂或裸露的线束，以免发生高压电击危险。尤其是车辆地板物体与地面之间摩擦会出现划痕，应仔细检查分布在地板上的高压线束有无损坏。如需接触高压电缆或部件，应穿绝缘防护服（包括绝缘手套、绝缘鞋、绝缘服等），耐电压不低于 1 000 V，并测试手套的绝缘性能，防止触电。

1）拆卸前准备。

a. 打开前机舱盖。

b. 断开蓄电池负极电缆（见图2-18）。

c. 断开车载充电机处直流母线。注意：戴绝缘手套，用万用表测量直流母线端正负极电压，应低于1V。

d. 排放冷却液。

2）拆卸车载充电机。

a. 断开车载充电机与加热器高压线束接插器。

b. 断开车载充电机与驱动电机控制器高压线束接插器。

c. 断开车载充电机线束与交流充电插座总成接插器。

d. 断开车载充电机与驱动电机总成连接水管。

e. 断开车载充电机与驱动电机控制器连接水管。

f. 断开车载充电机与低压接插器。

g. 拆卸分线盒电机控制器高压线束接插器的4个固定螺栓（见图2-19）。

h. 拆卸车载充电机搭铁线。

i. 取出车载充电机。

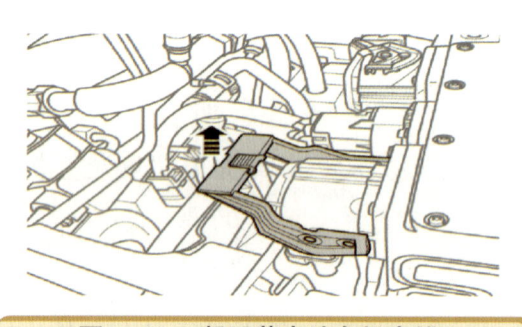

图2-18 断开蓄电池负极电缆

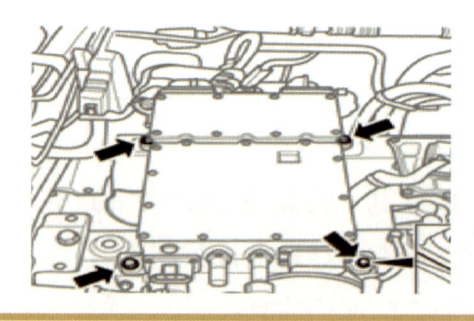

图2-19 分线盒电机控制器高压线束接插器的4个固定螺栓

3）安装车载充电机。

a. 放置车载充电机，紧固4个车载充电机固定螺栓。拧紧力矩：22 N·m。

b. 紧固车载充电机搭铁线线束。连接车载充电机与加热器高压线束接插器。

c. 连接车载充电机与驱动电机控制器高压线束接插器。

d. 连接车载充电机线束与交流充电插座总成接插器。

e. 连接车载充电机与驱动电机总成连接水管。

f. 连接车载充电机与驱动电机控制器连接水管。

g. 连接车载充电机与低压接插器。

4. 交流充电桩

动力电池的充电系统有两种充电方式：直流充电和交流充电。交流充电桩输出的电流为交流电，放置在电动汽车外部，与交流电网相连，完成对车载充电机的交流供电。交流充电桩作为一种电力输出装置，不能直接为电动汽车储能装置充电，需要通过车载充电机将交流电转换为直流电，在充电时，电能必须经过车载充电机处理后才能用于电动汽车动力电池充电。

交流充电桩的使用要求为：

（1）禁止使用直通电缆与有安全隐患的普通家用插头连接。

（2）大于 16 A 充电时，要求在车辆插座和电源插座中安装电子锁和温度传感器。

（3）专用电源设备使用传导方法为装有车载充电机的电动汽车提供交流电源，包括壁挂式和落地式。

交流充电通常采用 16 A 充电和 32A 充电两种模式。交流充电过程如下：

（1）慢充"插枪"后，交流电源设备通过 CC/CP 回路电压检查桩端枪尖是否连接良好。确认无问题后，关闭高压接触器向 OBC AC 输入供电。

（2）在 OBC 接通电源后，自测试无故障后，输出低压辅助电源，激活 BMS 和 VCU 并接通电源。

（3）VCU 从 BMS 检测到"充电激活信号"和"交流充电连接"后，它会接合慢充高压继电器，并控制慢充副锁执行"锁定逻辑"。

（4）BMS 通过 CC 回路电压检测汽车的枪口是否连接好，得到电缆的额定容量，利用 CP 回路的 PWM 信号来确认交流电源装置的最大供电电流，BMS 将前两者和 OBC 发送的额定输入电流值进行取小设定为 OBC 的"最大允许输入电流值"，并将充电电压和充电电流信息发送到 OBC。

（5）BMS 关闭充电继电器，并通过 CAN 信息发送充电机控制命令。OBC 收到后开始充电。

（6）当 BMS 检测到电池已达到"完全充电状态"或从 OBC 接收到"充电机中止充电信息"时，充电继电器断开；VCU 检测到 BMS 断开充电继电器后，断开慢充高电压继电器，控制慢充副锁执行"解锁逻辑"。

影响电动汽车充电负荷的主要因素分为三个方面：

（1）动力电池的充放电特性。

（2）驾驶规律。

（3）充电方式和电动汽车的规模。

二、快充口及充电策略

按照 GB/T 18487.1—2023《电动汽车传导充电系统 第 1 部分：通用要求》规定，充电模式 4 为直流充电桩充电，将电动汽车连接到交流电网或直流电网时，使用了带控制导引功能的直流供电设备，这种模式也称为快速充电，又称快充，也称为地面充电，通过非车载充电机采用大电流给电池直接充电，使电池在短时间内可充至80%左右的电量，因此也可称为应急充电。快速充电模式的电流和电压一般在150~400 A 和 200~750 V，充电功率大于50 kW。此种方式多为直流供电方式，地面的充电机功率大，输出电流和电压变化范围宽。但是一些小型的7 kW、15 kW、20 kW 的便携直流充电机虽然充电口用的是直流充电孔，其充电速度仍属于慢充行列。

1. 快充口

快充充电方式充电时间短，能够在较短时间给蓄电池补充大量电能。目前，直流充电桩可以提供100 A的充电电流。一般直流充电桩带有充电连接线，如图2-20所示。

快充充电桩连接线一端是蓝色的充电枪，用来连接车辆。连接车辆端的充电枪有9个针脚，对应车身上快充充电口的9个针脚槽。对吉利EV450轿车采用快充充电方式时，要将充电枪连接位于车辆右后部的充电口，针脚定义如图2-21所示。

图2-20 直流充电桩

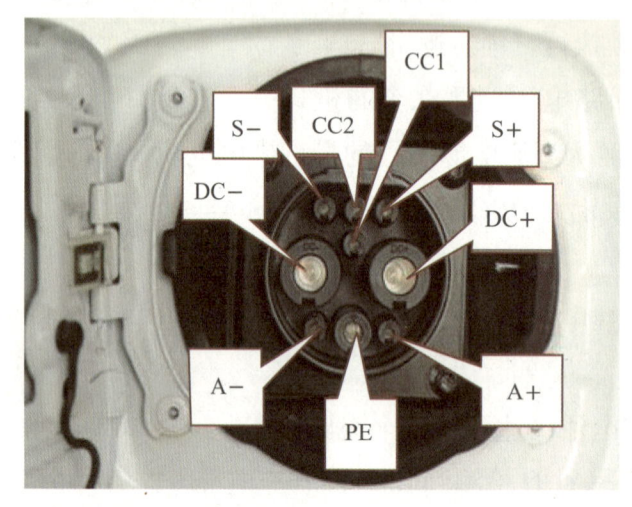

DC——直流电源负；DC+——直流电源正；PE——车身地（搭铁）；A-——低压辅助电源负极；A+——低压辅助电源正极；CC1——充电连接确认1；CC2——充电连接确认2；S+——充电通信CAN_H；S-——充电通信CAN_L。

图2-21 快充口针脚定义

快充时，交流电通过充电桩转换为直流电后，通过充电连接线进入车上快充口，然后直接经过高压控制盒后，经高压母线给动力电池进行充电。直流充电口通过高压线直接连接高压控制盒（有的车辆直流充电口也直接与动力电池相连）。

2. 快充充电策略

快充充电方法是采用脉冲快速充电。脉冲快速充电是指充电过程中不断用反复放电充电的循环充电。首先进行一级充电，给电池组用0.8~1倍额定容量的大电流进行定流充电，使蓄电池在短时间内充至额定容量的50%~60%。接着由电路控制先停止充电25~40 ms，接着再放电或反充电，使电池组反向通过一个较大的脉冲电流，然后再停止充电。当电池电量到达标称容量的 60% 后，进行二级充电，充电电流变为 0.5~0.6 倍额定容量的大电流。随着电池电量逐渐增加，之后的充电都按照正脉冲充电—前停充—负脉冲瞬间放电—后停充—再正脉冲充电的循环，充电电流按照上一级的 60% 来继续进行充电，直至充满，如图 2-22 所示。

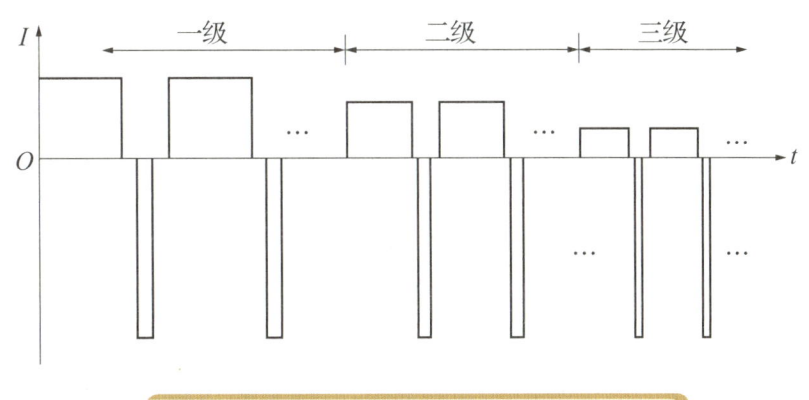

图 2-22 脉冲快速充电图

以锂电池为例，选用容量为 4 A·h 的电池，工作电压范围为 3~4.4 V。对电池进行了不同倍率下的充电测试，当充电倍率小于 0.77C 时，充电截止电压为 4.4 V，当充电倍率大于 0.77C 时，首先充电到 4.2 V，接着使用 0.77C 充电到 4.4 V。

为了降低极化，希望在不影响电池寿命的基础上在 4.2 V 之前用较大电流也能充入较多容量。一般选择如图 2-23 所示的三阶段脉冲电流充电法。阶段电流逐渐减小，其中阶段间的转折点为截止电压 4.2 V。当第三阶段充电至 4.2 V 时，转入 0.77C 的 CC/CV 充电阶段，此时截止电压为 4.4 V。

考虑电池的循环使用寿命及充电安全，三个阶段中脉冲电流的幅值分别设定为 1.2C、1.1C 和 1C。充电电流占空比和频率占空比大小直接影响平均充电率。为了满足第一脉冲阶段平均充电率大于 1C 的要求，占空比设置为 0.9。应将充电脉冲电流周期设定为 100 s。

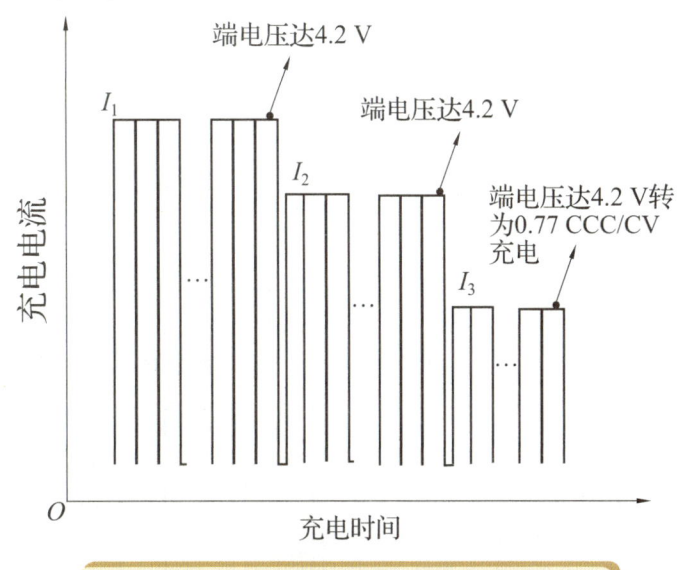

图 2-23 三阶段脉冲电流充电法

充电电流幅值调整策略随着电池老化，电池动力学及倍率特性变差。脉冲电流的幅值应根据电池健康状态调整。充电过程中，极化电压反映了电池内部电化学反应的速度和电池两极电势的平衡情况，是衡量充电效率和充电接受能力的量化表现。通过控制极化电压，就可以有效控制充电过程中电池内部离子浓度和正负极反应速度。而随着电池的老化，电池动力学特性变差，若在电池老化后仍以相同大小的电流对电池进行充电，必将加大充电过程中的极化电压，将会引起电池容量的加速衰退。

脉冲快速充电的最大优点为充电时间大为缩短；且可增加适当电池容量，提高起动性能。由于脉冲充电电流较大，对极板的活性物质的冲刷力强，活性物质易脱落，因此对电池组寿命有一定影响。现阶段大多数快速充电都采取脉冲充电方法。

快速充电模式实质上为应急充电模式，其目的是短时间内给电动汽车充电。在高功率高电压的工作条件下，使快速充电模式仅存在于大型充电站或公路旁作为应急使用。虽然快速充电的充电速度非常快，其充电时间接近内燃机注入燃油的时间，但是充电设备安装要求和成本非常高，并且快速充电的电流电压较高，短时间内对电池的冲击较大，容易令电池的活性物质脱落和电池发热，因此对电池保护散热方面要求有更高的要求，并不是每款车型都可快速充电。因此无论电池有多完美，长期快速充电终究影响电池的使用寿命。

直流充电桩输入电压采用三相四线 380 V 交流电（±15%），频率 50 Hz，输出可调的直流电，直接为电动汽车的动力电池充电，可以提供足够大的功率，输出的电压和电流调整范围大，可以实现快充。直流充电桩与交流充电桩的计量和通信及扩展计费功能类似。直流充电桩的电气部分由主回路和二次回路组成。主回路的输入是三相交流电，经过输入断路器、交流智能电能表之后由充电模块（整流模块）将三相交流电转换为电池可以接受的直流电，再连接熔断器和充电枪，给电动汽车充电。直流充电桩主回路电气结构如图 2-24 所示。

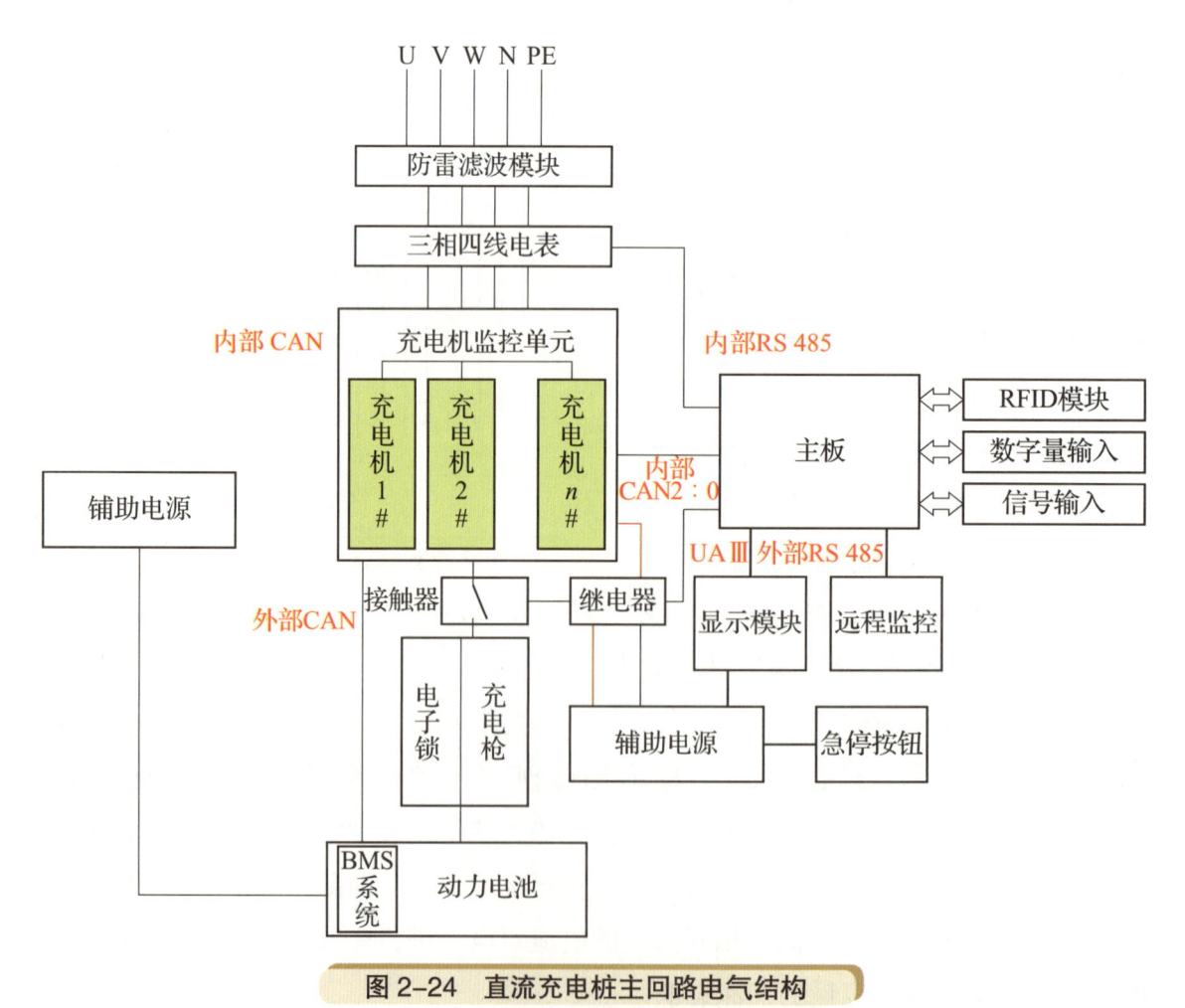

图 2-24 直流充电桩主回路电气结构

三相 380 V 交流电经过 EMC 等防雷滤波模块后进入到三相四线电表中，三相四线电表监控整个充电机工作时的实际充电电量。且根据实际充电电流及充电电压的大小，充电机往往需要并联使用，因此就要求充电机拥有能够均流输出的功能，充电机输出经过充电枪直接给动力电池进行充电。

在直流充电桩工作时，辅助电源给主控单元、显示模块、保护控制单元、信号采集单元及刷卡模块等控制系统进行供电。另外，在动力电池充电过程中，辅助电源给 BMS 系统供电，由 BMS 系统实时监控动力电池的状态。

二次回路由充电桩控制器、读卡器、显示屏、直流电表等组成，同时还提供启停控制与急停操作；信号灯提供"待机"、"充电"与"充满"状态指示；显示屏作为人机交互设备则提供刷卡、充电方式设置与启停控制操作。

三、快充常见的故障与检修

1. 充电桩显示车辆未连接

检修方法如下：

（1）检查快充口 CC1 端与 PE 端是否有 1 000 Ω 电阻。

（2）检查快充口导电层是否脱落。

（3）检查充电枪 CC2 与 PE 是否导通。

2. 动力电池继电器未闭合

检修方法如下：

（1）检查充电桩输出正极唤醒信号是否正常。

（2）检查充电桩输出负极唤醒信号与 PE 是否导通。

（3）检查充电桩 CAN 通信是否正常。

3. 动力电池继电器正常闭合，但无输出电流

检修方法如下：

（1）检查充电桩与动力电池 BMS 软件版本是否匹配。

（2）检查高压连接器及线缆是否正确连接。

（3）用诊断仪查看充电监控状态。

4. DC/DC 变换器不工作

检修方法如下：

（1）检查连接器是否正常连接。

（2）检查高压保险丝是否熔断。

（3）检查使能信号输入是否正常（12 V）。

实训操作模块

实训一 检修 DC/DC 变换器

实训目标

（1）能正确认知 DC/DC 变换器的作用与组成。
（2）能对 DC/DC 变换器进行日常维护，并能进行常见故障的检修。
（3）通过小组合作完成检修 DC/DC 变换器的任务。

实训任务

客户去年购置一辆 EV450 车作为代步工具，今早起动车辆发现车辆不能正常上电且无法正常行驶。假如你是一名新能源汽车维修工，如何完成 DC/DC 变换器的检修？

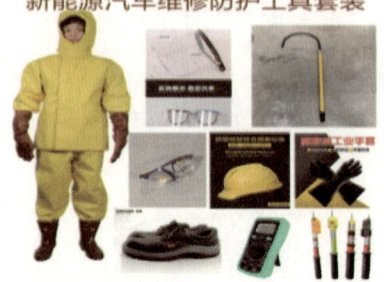

任务实施

请进行维修作业前检查及车辆防护，并记录信息
①维修作业前现场环境检查

作业内容：
检查绝缘垫，设立隔离柱，布置警戒线，张贴警示牌。

作业结果：
_____
_____

②维修作业前防护用具检查

作业内容：
绝缘手套、绝缘鞋、护目镜、安全帽外观及性能检查。

作业结果：
_____
_____

③维修作业前仪表工具检查

作业内容：
绝缘万用表、绝缘工具箱、放电工装外观及性能检查。

作业结果：
_____
_____

④维修作业前实施车辆防护

作业内容：
铺设翼子板防护垫、汽车维修三件套、脚垫。

作业结果：
_____
_____

操作	结果
1. 检查电池电压	
测量蓄电池电压，标准为 11~14 V	
2. 用故障诊断仪读取故障码	
连接故障诊断仪，把起动开关置于 ON 挡	
读取故障码	有故障码，按照故障码维修；无，按下列步骤进行
3. 检查高压控制箱内的 DC/DC 保险丝是否熔断、烧蚀、生锈等	否，转入步骤 5
4. 检修 DC/DC 低压输出端是否接地	
检修 DC/DC 低压输出端是否接主熔丝盒 DC/DC 变换器熔丝	
检查使能信号线，检查 DC/DC 变换器低压控制接插件 A 脚是否与车辆连接控制器针脚导通	
检查 DC/DC 变换器低压控制接插件针脚与整车控制器针脚是否导通	如果没有电压，检查整车控制器，必要时更换
检查使能信号，检查车辆正常起动后，DC/DC 变换器低压控制接插件 A 脚电压是否为 12 V	否，进行下一步
5. 更换 DC/DC 变换器	
将起动开关置于 ON 挡，确认故障是否排除	是，系统正常，结束

实训二　检修电动汽车慢充系统

实训目标

（1）掌握电动汽车常用的充电方法。
（2）熟知电动汽车的慢充电系统。
（3）能正确认知电动汽车常用的充电方法。
（4）能对慢充系统故障进行检修。

实训任务

客户去年购置一辆EV450车作为代步工具，晚上慢充充电时，发现车辆不能正常充电。开车到4S店进行检查，假如你是一名新能源汽车维修工，如何进行电动汽车慢充系统的检修。

任务实施

1. 请进行维修作业前检查及车辆防护，并记录信息

①维修作业前现场环境检查	
	作业内容： 检查绝缘垫，设立隔离柱，布置警戒线，张贴警示牌。 作业结果： _____

②维修作业前防护用具检查	
	作业内容： 绝缘手套、绝缘鞋、护目镜、安全帽外观及性能检查。 作业结果： _____

③维修作业前仪表工具检查	
	作业内容： 绝缘万用表、绝缘工具箱、放电工装外观及性能检查。 作业结果： _____

④维修作业前实施车辆防护

作业内容：
铺设翼子板防护垫、汽车维修三件套、脚垫。

作业结果：
_____
_____

操作	结果
1. 拆卸前准备	
1）打开前机舱盖。 2）断开蓄电池负极电缆。 3）断开车载充电机处直流母线。 注意：戴绝缘手套，用万用表测量直流母线端正负极电压，应低于1V。 4）排放冷却液。	
2. 拆卸车载充电机	
1）断开车载充电机与加热器高压线束接插器。 2）断开车载充电机与驱动电机控制器高压线束接插器。 3）断开车载充电机线束与交流充电插座总成接插器。 4）断开车载充电机与驱动电机总成连接水管。 5）断开车载充电机与驱动电机控制器连接水管。 6）断开车载充电机与低压接插器。 7）拆卸分线盒电机控制器高压线束接插器的4个固定螺栓。 8）拆卸车载充电机搭铁线。 9）取出车载充电机	
3. 安装车载充电机	
1）放置车载充电机，紧固4个车载充电机固定螺栓。拧紧力矩：22 N·m。 2）紧固车载充电机搭铁线线束。连接车载充电机与加热器高压线束接插器。 3）连接车载充电机与驱动电机控制器高压线束接插器。 4）连接车载充电机线束与交流充电插座总成接插器。 5）连接车载充电机与驱动电机总成连接水管。 6）连接车载充电机与驱动电机控制器连接水管。 7）连接车载充电机与低压接插器。	
4. 安装完成后，检查充电功能	

实训三　检修电动汽车快充系统

实训目标

（1）掌握快充系统的充电策略。
（2）掌握快充桩的结构与工作原理。
（3）能正确认知快充系统的充电策略。
（4）能进行直流充电口的更换。

实训任务

小李在新能源汽车某4S店工作，今天接了一辆车，经检查，直流充电口损坏，需要更换，你知道如何进行直流充电口的更换吗？

任务实施

请进行维修作业前检查及车辆防护，并记录信息
①维修作业前现场环境检查

作业内容：
检查绝缘垫，设立隔离柱，布置警戒线，张贴警示牌。

作业结果：
_____
_____

②维修作业前防护用具检查

作业内容：
绝缘手套、绝缘鞋、护目镜、安全帽外观及性能检查。

作业结果：
_____
_____

模块二 充电系统的检修

③维修作业前仪表工具检查

作业内容：
绝缘万用表、绝缘工具箱、放电工装外观及性能检查。

作业结果：
_____
_____

④维修作业前实施车辆防护

作业内容：
铺设翼子板防护垫、汽车维修三件套、脚垫。

作业结果：
_____
_____

操作	结果
1. 检查电池电压	
测量蓄电池电压，标准为 11~14 V	
2. 用故障诊断仪读取故障码	
连接故障诊断仪，把起动开关置于 ON 挡，读取故障码	
3. 打开前机舱盖	
4. 断开蓄电池负极电缆	
5. 断开车载充电机处直流母线	
6. 拆卸左后轮	
7. 拆卸左后轮罩衬板	
8. 拆卸直流充电插座	
（1）断开动力电池上的直流充电高压线束连接器。 （2）拆卸直流充电高压线束支架固定螺栓和螺母，脱开直流充电高压线束支架。 （3）脱开直流充电高压线束固定线卡。 （4）拆卸动力电池左防撞梁螺栓。 （5）脱开直流充电高压线束固定线卡。 （6）脱开直流充电高压线束 4 个固定线卡。 （7）脱开直流充电高压线束固定线卡。 （8）拆卸直流充电高压线束支架固定螺栓。 （9）脱开直流充电高压线束固定线卡。 （10）拆卸直流充电插座搭铁线束固定螺栓，脱开搭铁线束。 （11）断开直流充电插座线束连接器。 （12）拆卸直流充电插座固定 4 个螺栓，取出直流充电插座总成	

9. 安装新的直流充电插座	
（1）放置直流充电插座总成，紧固直流充电插座总成4个螺栓。力矩：9 N·m。 （2）安装直流充电高压线束固定线卡。 （3）紧固直流充电插座搭铁线束固定螺栓。力矩：9 N·m。 （4）连接直流充电插座线束连接器。插接时注意"一插、二响、三确认"。 （5）安装直流充电高压线束固定线卡。 （6）紧固直流充电高压线束支架固定螺栓。力矩：9 N·m。 （7）安装直流充电高压线束4个固定线卡。 （8）安装直流充电高压线束固定线卡。 （9）紧固动力电池左防撞梁螺栓。 （10）安装直流充电高压线束固定线卡。 （11）安装直流充电高压线束支架，紧固直流充电高压线束支架固定螺栓和螺母。力矩：9 N·m。 （12）连接动力电池上的直流充电高压线束连接器	
10. 安装左后轮罩衬板	
11. 安装左后轮	
12. 连接车载充电机处直流母线	
13. 连接蓄电池负极电缆	
14. 关闭前机舱盖	

模块三

动力电池管理系统检修

>>> 基础知识模块
JICHU ZHISHI MOKUAI

动力电池管理系统

一、动力电池管理系统定义及作用

在国家标准 GB/T 19596—2017《电动汽车术语》中蓄电池管理系统的定义为：可以控制蓄电池输入和输出功率，监视蓄电池的状态（温度、电压、荷电状态），为蓄电池提供通信接口的系统，如图 3-1、图 3-2 所示。

动力电池管理系统 BMS 是电动汽车动力电池组的控制核心部件，如图 3-3 所示，其主要作用包括：

图 3-1 动力电池管理系统

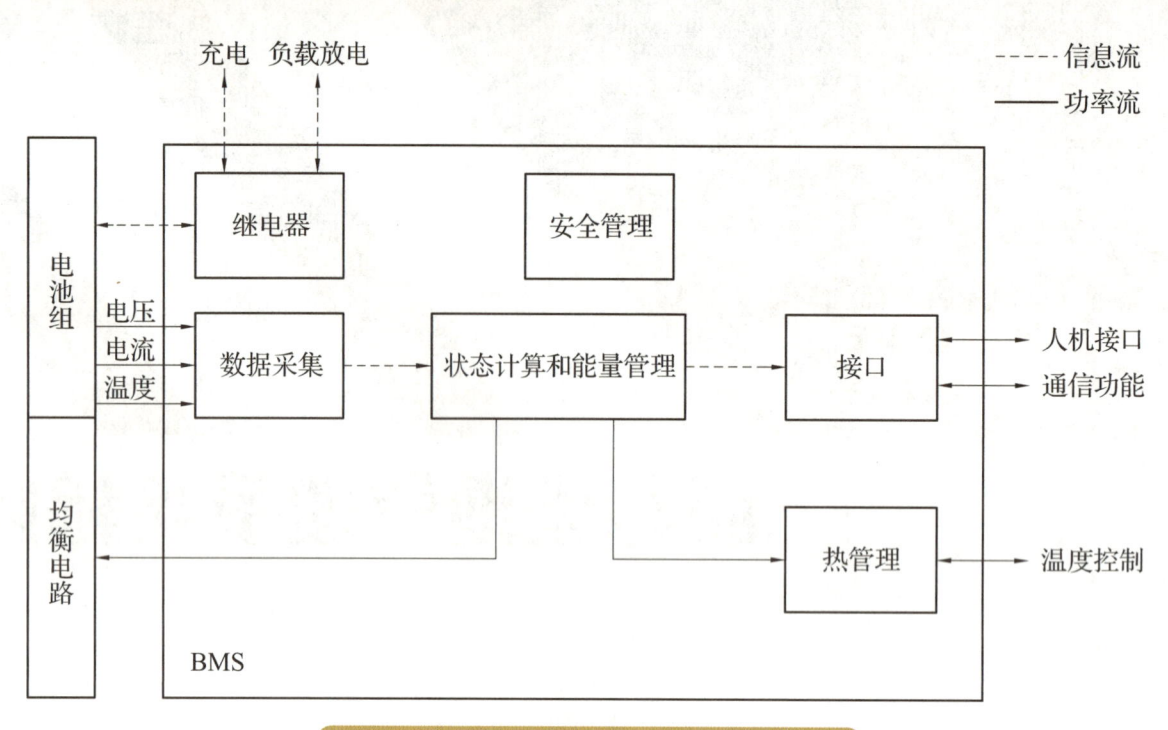

图 3-2 动力电池管理系统结构原理图

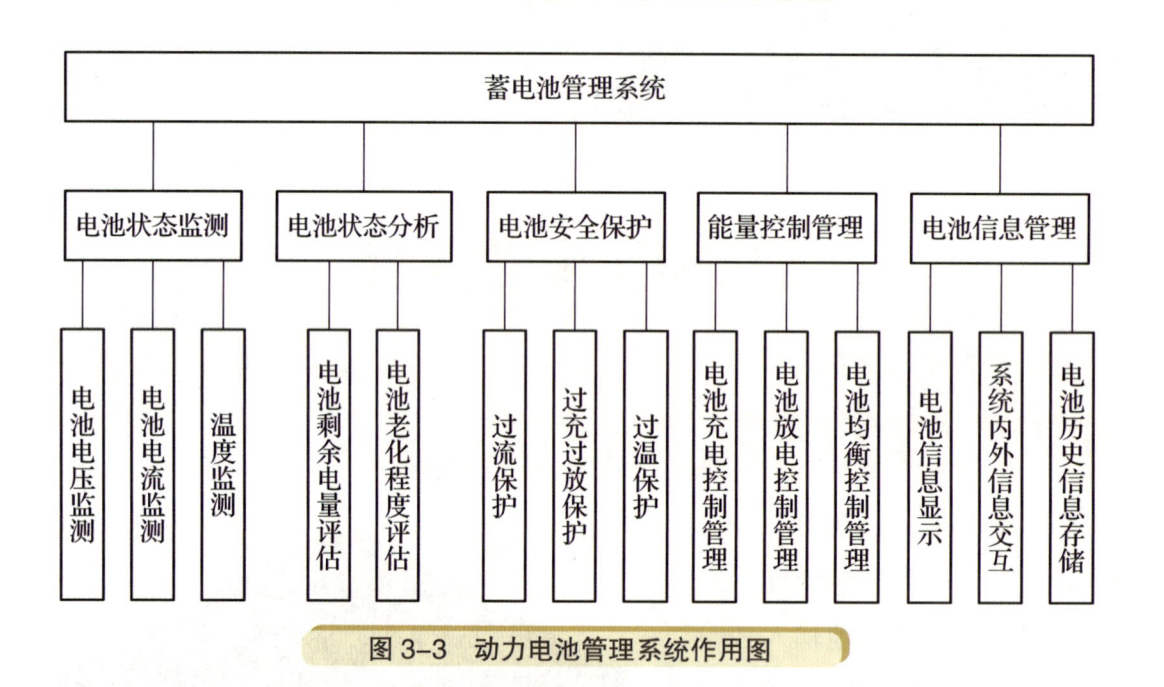

图 3-3 动力电池管理系统作用图

（1）保证电池安全可靠地使用。

（2）充分发挥电池的能力和延长使用寿命。

（3）作为电池和整车控制器以及驾驶者沟通的桥梁，通过控制继电器控制动力电池组的充放电，并向整车控制器 VCU 上报动力电池系统的基本参数。

蓄电池管理系统作为电池和整车控制器 VCU 以及驾驶者沟通的桥梁，通过控制继电器控制动力蓄电池组的充放电，并向整车控制器上报动力蓄电池系统的基本参数及故障信息。

蓄电池管理系统不仅要保证电池安全可靠地使用，而且要充分发挥电池的能力和延长电池的使用寿命，是电池保护和管理的核心部件。

二、动力电池管理系统的工作模式及结构

1. 动力电池管理系统的工作模式

（1）下电模式。

在下电模式下，动力电池管理系统控制的所有高压继电器均处于断开状态；低压控制电源处于不供电的状态，只有动力电池内部控制器的低压常供电有静态维持电流，如图3-4所示。

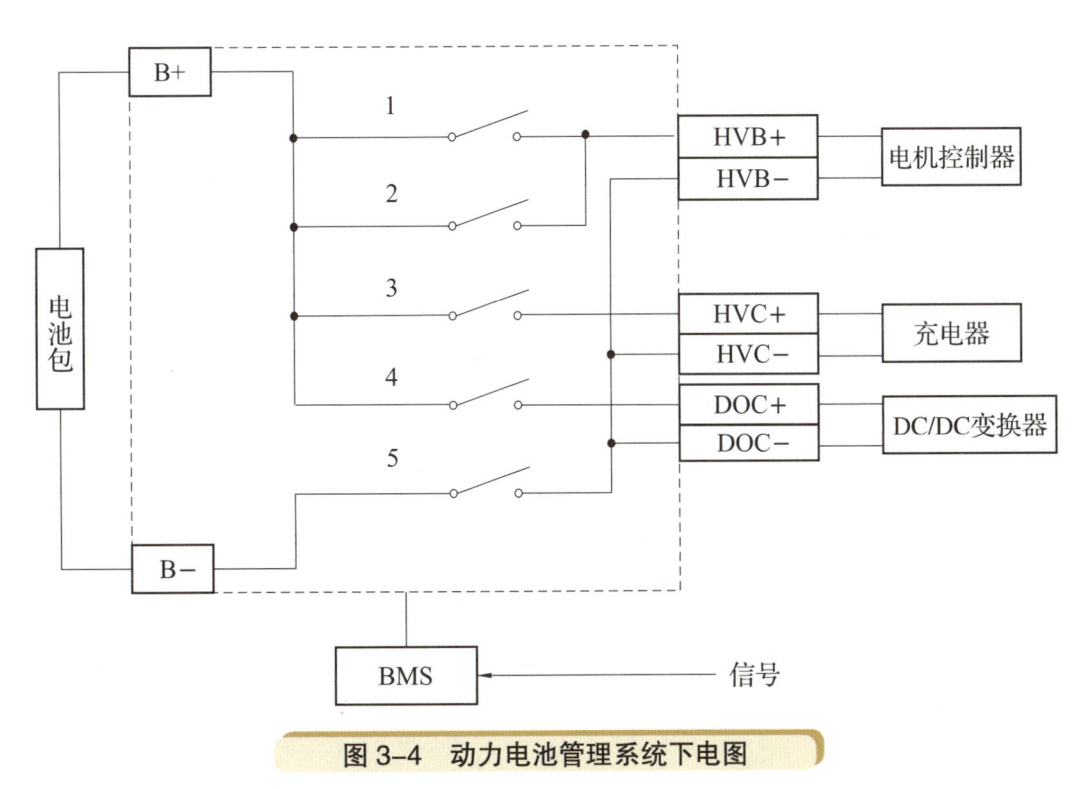

图3-4 动力电池管理系统下电图

（2）准备模式。

准备模式时，系统所有的继电器均处于未吸合状态。当系统接受外界起动钥匙ON挡信号、整车控制器、电机控制器、充电插头开关等部件发出的硬线信号或受CAN报文控制的低压信号后，动力电池管理系统的控制初始化、自检完成后电池管理系统进入下一步上电模式。

（3）上电模式。

当电池管理系统自检合格后，检测到起动钥匙的高压上电信号后，系统将首先闭合主负继电器。由于驱动电机是感性负载，驱动电机控制器内部电路有大电容，为防止过大的电流冲击，负极继电器闭合后，先闭合与正极继电器并联的预充电阻和预充继电器，进入预充电

状态；当电机控制器内电容两端电压达到母线电压的 90% 时，立即闭合主正继电器，延迟 10 ms 后，断开预充继电器进入放电模式。

（4）充电模式。

当电池管理系统检测充电唤醒信号时，系统即进入充电模式。在该模式下主正、主负继电器闭合；同时为保证低压控制电源持续供电，DC/DC 变换器需处于工作状态。

（5）故障模式。

故障模式是控制系统中常出现的一种状态。由于动力电池高压的使用关系到使用者和维修人员的人身安全，因而动力电池管理系统对于各种工作模式采取"安全第一"的原则。电池管理系统对于故障的响应还需根据故障等级而定，当其故障级别较低，系统可采取报错或发出轻微报警信号方式告知驾驶人员；而当故障级别较高，甚至伴随有危险时，系统将采取断开高压继电器的控制策略。

综上所述，电池管理系统作为纯电动汽车动力电池组的监控管理中心，必须对电池组的温度、电压和充放电电流等相关参数进行实时动态监测，必要时能主动采取紧急措施保护各单体电池，防止电池组出现过充、过放、温度过高以及短路等危险。此外，该系统还必须在电池组的整个使用周期内对电池的 SOC 进行准确估算，并以合适的方式将剩余电量、续驶里程和故障异常等关键信息及时反馈给驾驶员，同时以一种合适的方式完成系统与整车 ECU 或上位机之间的数据交换功能。

2. BMS 部件的作用

（1）主控盒。

接收 VCU 的指令，根据高压回路的绝缘状况，控制正负母线继电器的开闭，决定整车安全上下电，接收从控盒采集的动力蓄电池电压、动力蓄电池温度及母线电流等数据，计算动力蓄电池的电压、电量及放电能力，与 VCU 或充电机通信；存储动力蓄电池充电次数，计算动力蓄电池寿命；存储动力蓄电池的信息等。

（2）从控盒。

对各动力蓄电池模块或单体电池的电压进行采集、计算与处理，找出最高电压电芯、最低电压电芯，计算电芯最高电压与最低电压的差值，应小于 0 V；充电时有一节电芯电压达到充电截止电压，即停止充电；放电时有一节电芯电压降到放电截止电压，即停止放电；通过可靠的数据传输通道与主控盒进行指令及数据的双向传输。

（3）高压控制盒。

控制 PTC 加热装置、预充继电器、高压正负母线继电器。

（4）高压绝缘盒。

当接收到高压正负母线继电器上电指令后，对高压回路进行绝缘性能监测：当检测到高压回路绝缘电阻值不合格时，立即高压下电，并在仪表显示屏上报出高压绝缘故障提示；检测各个继电器触点的开闭状态,并将结果报告给主控盒。

(5)传感器。

采集动力蓄电池电压、电流和温度等信号。

(6)底层软件。

符合汽车开发系统架构标准,模块化开发容易实现拓展和移植,可提高开发效率。

(7)应用层软件。

BMS的控制核心,包括动力蓄电池保护、电气保护、诊断管理、热管理、继电器控制、均衡控制等。

三、吉利EV450动力电池管理系统概述

动力电池模组放置在一个密封并且屏蔽的动力电池箱里面,动力电池系统使用可靠的高低压接插件与整车进行连接。

系统内的BMS实时采集各电芯的电压值、各温度传感器的温度值、电池系统的总电压值和总电流值、电池系统的绝缘电阻值等数据,并根据BMS中设定的阈值判定电池系统工作是否正常,并对故障实时监控。动力电池系统通过BMS使用CAN与VCU或车载充电机之间进行通信,对动力电池系统进行充放电等综合管理。

吉利EV450电动汽车动力电池采用三元锂离子电池,由10个1P6S电池模组和7个1P5S电池模组串联形成,共95个方形单体电池组成。EV450动力电池管理系统采用集中式BMS,BMU与CSC集成一体置于动力电池包中部。BMS的信息采集系统在每个模组设有两个温度传感器,每个单体电池设有一个电压采集点,在B-BOX中设有霍尔电流传感器,如图3-5所示。

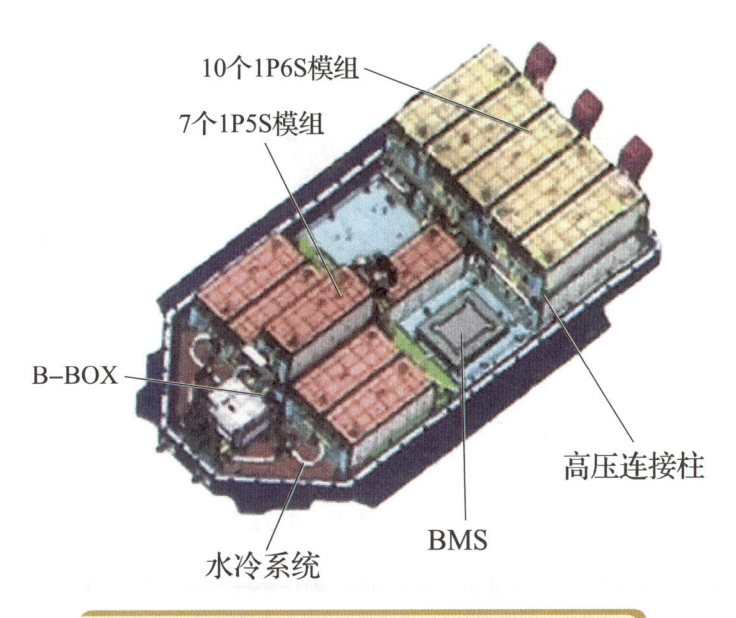

图3-5 吉利EV450动力电池包系统组成图

吉利EV450电动汽车动力电池有两个高压接插器，分别是BV16（连接车载充电机）和BV23（连接直流充电插座），如图3-6所示。

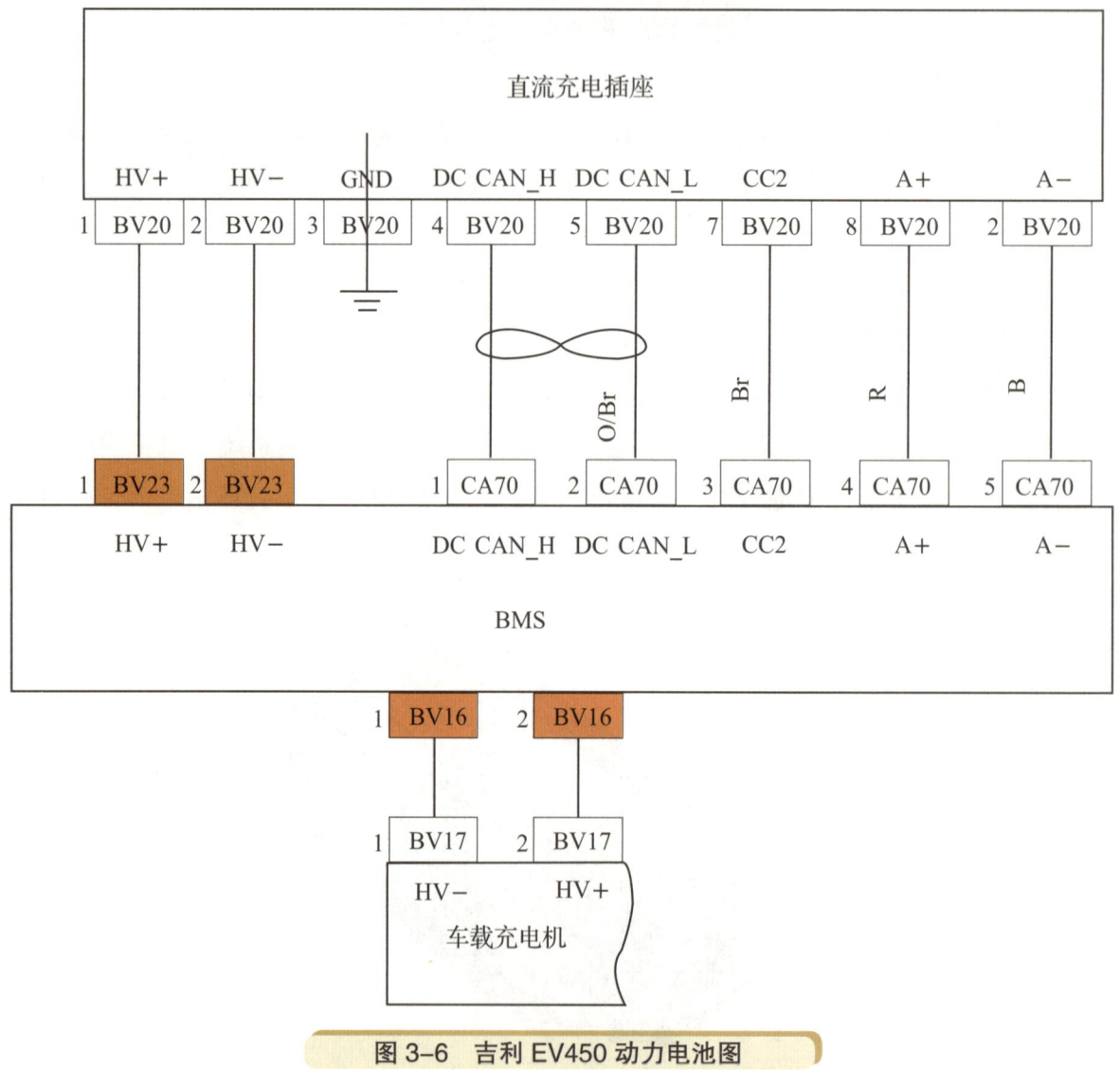

图3-6 吉利EV450动力电池图

吉利EV450电动汽车动力电池通过两个低压接插器与外部连接，如图3-7所示。

模块三　动力电池管理系统检修

CA69 BMS模块

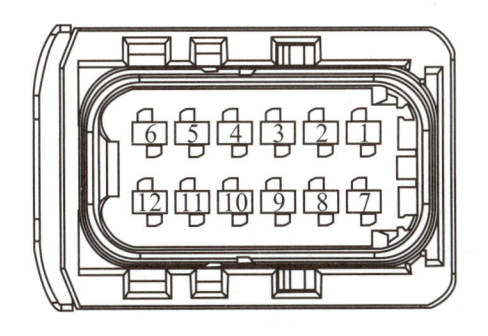

端子号	端子定义	颜色
1	常电12V	R/L
2	电源地GND	B
3	整车CAN_H	Gr/O
4	整车CAN_L	L/B
6	Crosh信号	L/R
7	IG2	G/Y
9	快充插座正极柱温度+	W/L
10	快充插座正极柱温度-	G/Y
11	诊断接口CAN_H	L/W
12	诊断接口CAN_L	Gr

CA70 BMS模块

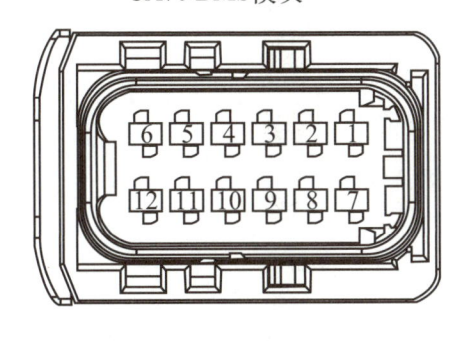

端子号	端子定义	颜色
1	快充CCAN_H	O/L
2	快充CCAN_L	O/G
3	快充CC2	Br
4	快充wakeup	R
5	快充wakeup GND	B/R
11	快充插座负极柱温度+	B/Y
12	快充插座负极柱温度-	B/W

图 3-7　吉利 EV450 动力电池低压接插器及端子图

　　EV450动力电池管理系统（BMS）通过仪表实时显示动力电池SOC等状态，当点火开关打到ON挡，仪表动力电池电量低指示灯、动力电池故障指示灯、系统故障指示灯点亮时，可通过故障诊断仪读取动力电池管理系统实时状态数据，对动力电池进行故障诊断，如图3-8所示。

　　动力电池的状态主要有以下几个方面：

　　动力电池电量管理、动力电池均衡管理、动力电池热管理、动力电池安全管理、动力电池通信管理。

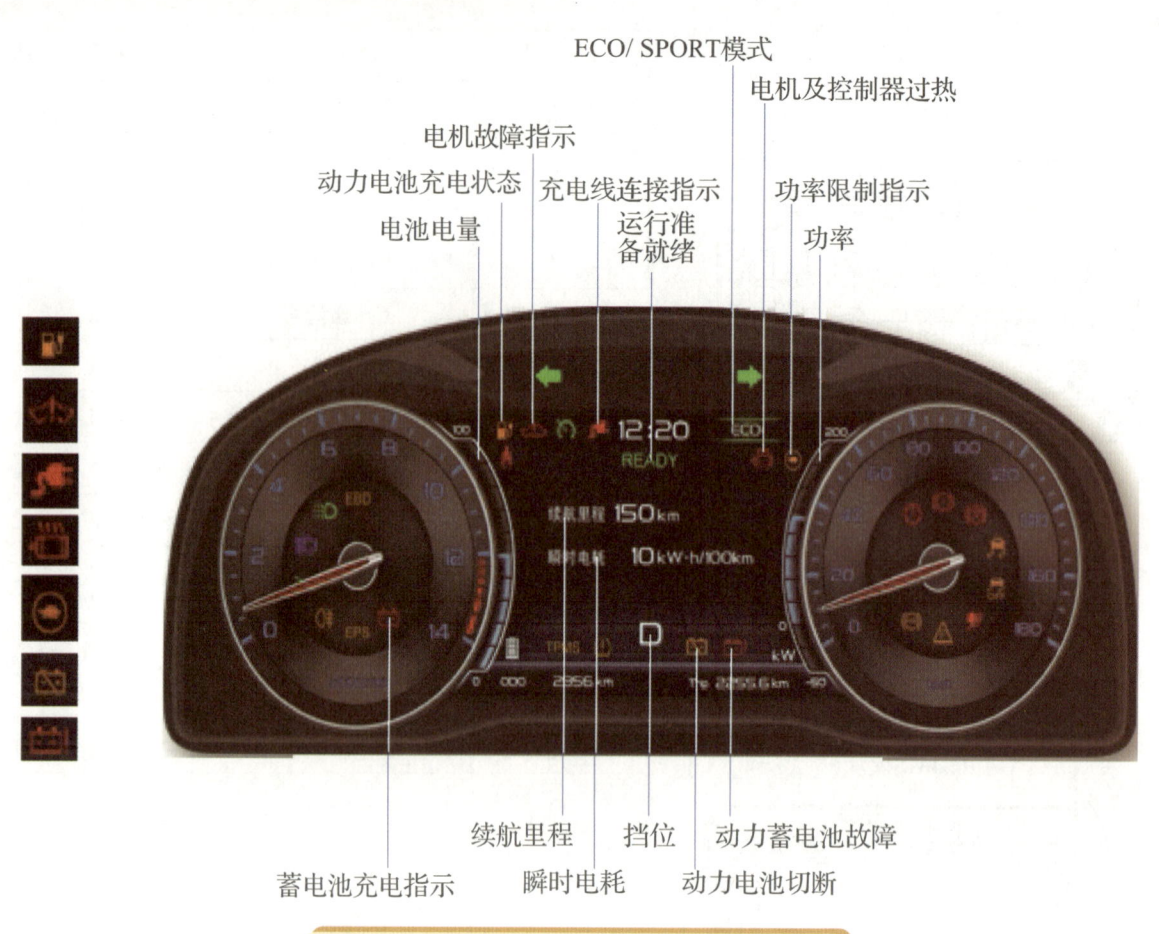

图 3-8　帝豪 EV450 仪表指示灯说明图

1. 动力电池电量管理

电池电量管理是电池管理的核心内容之一，对于整个电池状态的控制，电动车辆续驶里程的预测和估计具有重要的意义。

电池荷电状态（SOC）反映电池剩余电量，是蓄电池放电后剩余容量与电池额定容量的百分比，如图 3-9 所示，是用于电量管理的重要参数，受到多种因素的影响，其估算精度对于电池性能和使用寿命有着至关重要的作用。

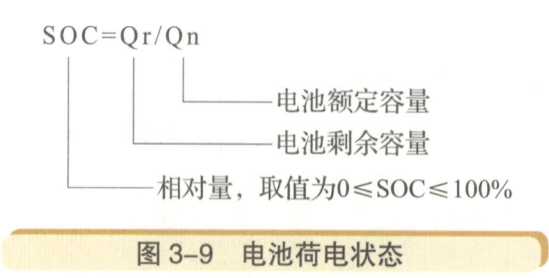

$$SOC = Q_r / Q_n$$

- Q_n——电池额定容量
- Q_r——电池剩余容量
- SOC——相对量，取值为 $0 \leq SOC \leq 100\%$

图 3-9　电池荷电状态

电池剩余电量受到动力电池的基本特征参数（端电压、工作电流、温度、容量、内部压强、内阻和充放电循环次数）和动力电池使用特性因素的影响，使对电池组的荷电状态 SOC 的测定很困难。

2. 动力电池均衡管理

均衡管理的目的是平衡电池组中单体电池的容量和能量差异，提高电池组的能量利用率。根据均衡过程中对所传递能量处理方式不同，可以分为能量耗散型均衡和非能量耗散型均衡，又称为被动均衡和主动均衡。

能量耗散型均衡主要是通过让电池组内能量较高的电池，利用其旁路电阻进行放电的方式损耗部分能量，以期达到电池组能量状态的一致，这种均衡结构是以损耗电池组能量为代价的。

非能量耗散型均衡是利用储能元件和均衡旁路构建能量传递通道，将其从能量较高的电池直接或间接转移到能量较低的电池。

均衡管理的几种管理电路：

（1）恒定分流电阻均衡充电电路。

每个单体电池上都始终并联一个分流电阻。

（2）开关控制分流电阻均衡充电电路。

分流电阻通过开关控制，在充电过程中，当单体电池电压达到截止电压时，均衡装置能阻止其过充电并将多余的电能量转换为热量。

（3）能量转换式均衡。

能量转换式均衡是通过开关信号，将电池组整体能量对单体电池进行能量补充，或者将单体电池能量向整体电池组进行能量转换。

（4）能量转移式均衡。

利用电感或电容等储能元件，把电池组中容量高的单体电池，通过储能元件转移到容量比较低的电池上。

3. 动力电池热管理

电动汽车自燃事件频出，究其原因主要与动力电池管理系统的热管理有关，由于过高或过低的温度都将直接影响动力电池的使用寿命和性能，并有可能导致电池系统的安全问题。

动力电池的热管理的工作状态包括：动力电池在充放电时会释放一定的热量，故需要对动力电池进行冷却；在低温环境下，需要对动力电池进行加热处理，以提高运行效率。

动力电池采用热管理的作用是：通过对动力电池冷却或加热，保持动力电池较佳的工作温度，以改善其运行效率并提高动力电池的寿命。动力电池冷却系统组成示意图如图3-10所示。

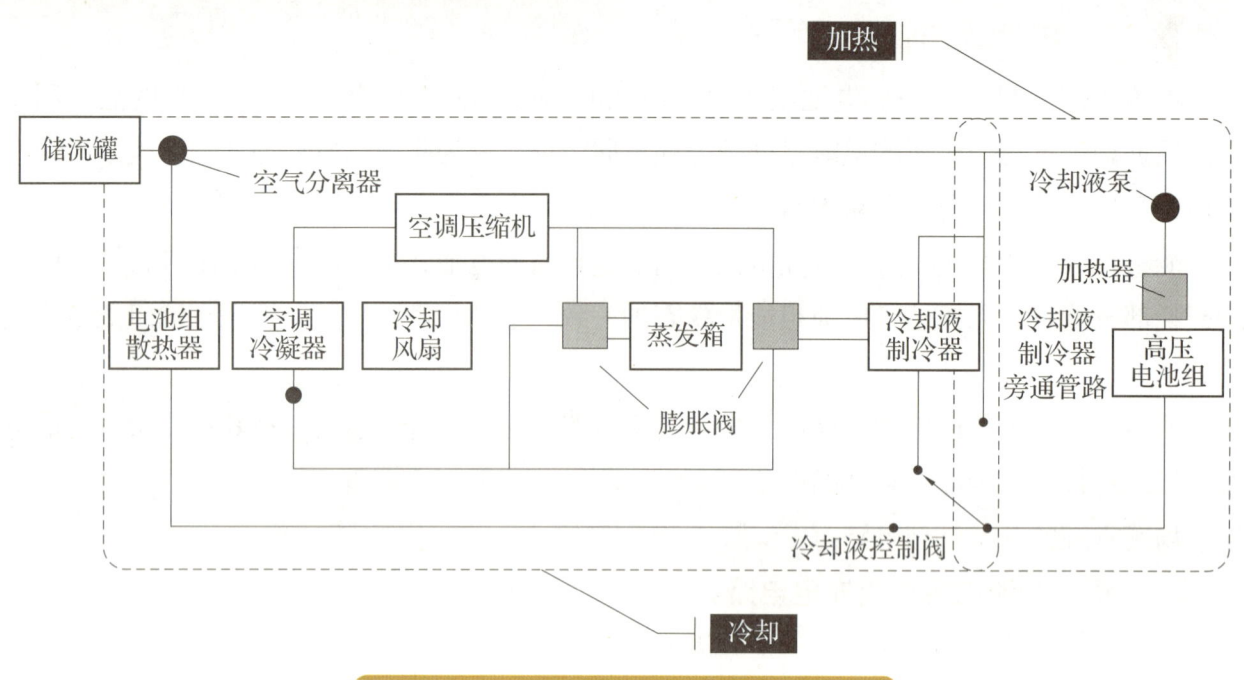

图 3-10　动力电池冷却系统组成示意图

动力电池热管理系统的具体功能主要有：
（1）电池温度的准确测量和监控。
（2）电池温度过高时的有效散热和通风。
（3）低温条件下的快速加热。
（4）有害气体产生时的有效通风。
（5）保证电池温度场的均匀分布。

热管理的方式根据电池内热传递方式主要有热传导、对流换热和辐射换热 3 种方式，电池和环境交换的热量也是通过辐射、传导和对流 3 种方式进行的。按照传热介质，电池组热管理系统分为空冷、液冷和相变材料冷却 3 种，目前常用的是空冷，又有串行通风方式和并行通风方式，如图 3-11、图 3-12 所示。

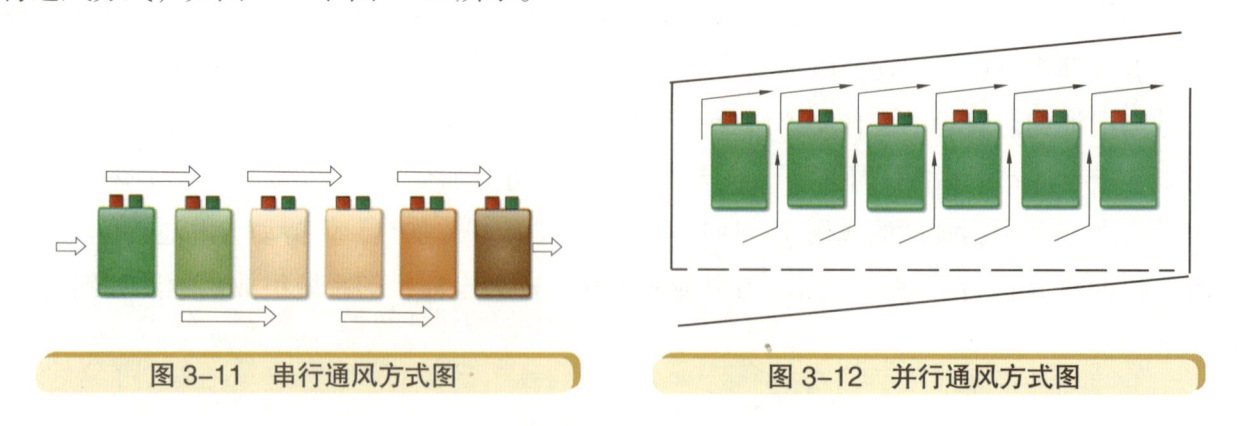

图 3-11　串行通风方式图

图 3-12　并行通风方式图

4. 动力电池安全管理

电动车辆动力电池系统电压常用的有 288 V、336 V、384 V 以及 544 V 等，大大超过了人体可以承受的安全电压，因此电池系统电气绝缘性能是安全管理的重要内容，绝缘性能的好坏不仅关系到电气设备和系统能否正常工作，更重要的是关系到人的生命财产安全。

安全管理的功能主要包括烟雾报警、绝缘检测、自动灭火、过电压和过电流控制、过放电控制、防止温度过高、在发生碰撞的情况下关闭电池等功能。

绝缘检测的方法主要有漏电直测法、电流传感法、绝缘电阻表测量法等。

5. 动力电池通信管理

数据通信是电池管理系统的重要组成部分之一。主要涉及电池管理系统内部主控板与检测板之间的通信，电池管理系统与车载主控制器、非车载充电机等设备间的通信。

6. 吉利帝豪 EV450 动力电池状态监测相关数据参数

一般电池的特性参数有：

（1）电压参数。

1）电动势。电动势是电池在理论上输出能量大小的度量之一，电池的电动势是热力学的两极平衡电极电位之差。

2）开路电压。开路电压是指在开路状态下（几乎没有电流通过时），电池两极之间的电势差，一般用 C 表示。

3）额定电压。额定电压也称公称电压或标称电压，是指在规定条件下电池工作的标准电压。采用额定电压可以区分电池的化学体系。

4）工作电压。工作电压是指电池接通负载后在放电过程中显示的电压，又称负荷（载）电压或放电电压。工作电压低于开路电压，当然也必然低于电动势。

5）放电终止电压。也称放电截止电压，是指电池放电时，电压下降到不宜再继续放电的最低工作电压值。不同类型的电池及不同的放电条件，放电终止电压是不同的。一般而言，低温或大电流放电时，终止电压规定得低些；小电流或间歇放电时，终止电压值规定得高些。

（2）容量参数。

电池在一定的放电条件下所能放出的电量称为电池容量，以符号 C 表示。其单位常用 $A·h$ 或 $mA·h$ 表示。

1）理论容量（C_0），即假定活性物质全部参加电池的成流反应所能提供的电量。理论容量可根据活性物质的数量按法拉第定律计算求出。

2）额定容量（$C_{额}$），即按国家或有关部门规定的标准，保证电池在一定的放电条件（如温度、放电率、终止电压等）下应该放出的最低限度的容量。

3）实际容量（C），在工作中电池实际放出的电量，是放电电流与放电时间的积分，实际放电容量受放电率的影响较大，所以常在字母 C 的右下角标明放电率，如 $C_{20}=50\ A·h$，表明在 20 小时率下的容量为 50 A·h。由于电池内阻和其他原因，活性物质不可能完全被利用，所以实际容量、额定容量总是低于理论容量。

4）剩余容量。剩余容量是指在一定放电倍率下放电后，电池剩余的可用容量。剩余容量的估计和计算受到电池前期放电率、放电时间等因素以及电池老化程度、应用环境等多种因素影响，所以在准确估算上存在一定的困难。

（3）内阻参数。

电流通过电池内部时受到阻力，使电池的工作电压降低，该阻力称为电池内阻，由于电池内阻的作用，放电时端电压低于电动势和开路电压，充电时充电端电压高于电动势和开路电压。电池内阻是非常重要的参数，它直接影响电池的工作电压、工作电流、输出能量与功率等，实用的化学电源，其内阻越小越好。

电池内阻不是常数，它包括欧姆内阻和电极在化学反应时所表现出的极化内阻。欧姆内阻主要是由电极材料、电解液、隔膜的内阻及各部分零件的接触电阻组成。它与电池的尺寸、结构、电极的成形方式以及装配的松紧度有关；极化内阻是正极与负极由于电化学极化和浓差极化所引起的电阻之和，与活性物质的本性、电极结构、电池制造工艺有关，尤其是与电池的工作条件密切相关，随放电率、温度等条件的改变而改变。

动力电池工作时常处于大电流、深放电状态，内阻引起的压降很大，对整个电路的影响不能忽略。

（4）能量与能量密度。

电池的能量是指电池在一定放电制度下，电池所能释放出的能量，通常用 W·h 或 kW·h 表示。

1）理论能量。假设电池在放电过程中电压保持电动势的数值，而且活性物质的利用率为 100%，在此条件下电池所输出的能量为理论能量 W_o，$W_o = C_o E$。

2）实际能量。实际能量是指电池放电时实际输出的能量，数值上等于电池实际放电电压、放电电流与放电时间的积分。

在实际应用中，常采用电池组额定容量与放电平均电压乘积进行电池实际能量的计算，$W = CV_o$。

由于活性物质不可能完全被利用，电池的工作电压总是小于电动势，所以电池的实际能量总是小于理论能量。

3）能量密度。

电池的能量密度是指单位质量或单位体积的电池所能输出的能量，相应地称为质量能量密度 [(W·h)/kg] 或体积能量密度 [(W·h)/L]，也称质量比能量或体积比能量。

在电动汽车应用方面，蓄电池质量比能量影响电动汽车的整车质量和续驶里程，而体积比能量影响蓄电池的布置空间。因而比能量是评价动力电池能否满足电动汽车应用需要的重要指标。此外，比能量也是比较不同种类和类型电池性能的一项重要指标。比能量也分为理论比能量和实际比能量。

动力电池在电动汽车的应用中，都是采用电池成组使用，由于电池组安装需要相应的电池箱、连接线、电流电压保护装置等元器件，因此，实际的电池组比能量小于电池比能量，一般而言，电池组的质量比能量要比单体电池比能量低 20% 以上。

（5）功率与功率密度。

1）功率。

电池的功率是指在一定的放电制度下，单位时间内电池输出的能量，其单位为瓦（W）或千瓦（kW）。

2）功率密度。

单位质量或单位体积电池输出的功率称为功率密度，又称比功率，单位为 kW/kg 或 W/g。比功率的大小，表征电池所能承受的工作电流的大小，电池比功率大，表示它可以承受大电流放电。比功率是评价电池及电池组是否满足电动汽车加速和爬坡能力的重要指标。

（6）放电深度。

放电深度（Depth of Discharge，DOD）是放电容量与额定容量之比的百分数，与 SOC 之间存在如下数学计算关系：DOD=1-SOC。

放电深度的高低对二次电池的使用寿命有很大的影响，一般情况下，二次电池常用的放电深度越深，其使用寿命就越短，因此在使用中应尽量避免二次电池深度放电。

（7）使用寿命。

电池在充放电循环使用中，由于一些不可避免的副反应的存在，电池可用活性物质逐步减少，性能退化。其退化程度随着充放电循环次数的增加而加剧，退化速度与电池充放电的工作状态和环境有着直接的联系。

电池经历一次充电和放电，称为一次循环或一个周期。在一定放电制度下，二次电池的容量降至某一规定值之前，电池所能耐受的循环次数，称为电池的循环寿命或使用周期。铅酸蓄电池为 300~500 次；锂离子电池可达 1 000 次以上。

（8）自放电率。

自放电率是电池在存放时间内，在没有负荷的条件下自身放电，使电池的容量损失的速度，自放电率采用单位时间（月或年）内电池容量下降的百分数来表示。

$$自放电率 = \frac{A_{ha} - A_{hb}}{A_{ha}t} \times 100\%$$

式中：A_{ha}——电池储存时的容量（A·h）；A_{hb}——电池储存以后的容量（A·h）；t——电池储存的时间（天或月）。自放电率通常与时间和环境温度有关，电池久置时要定期补电，并在适宜的温度和湿度下储存。

（9）不一致性。

电池的不一致性是指同一规格、同一型号的单体电池组成电池组后，在电压、内阻及其变化率、荷电量、容量、充电接受能力、循环寿命、温度影响、自放电率等参数方面存在的差别。电动汽车必须使用多块单体电池构成的电池组来满足使用要求。电池的不一致性对于成组使用的动力电池才有意义，由于不一致性的影响，动力电池组在电动汽车上使用的性能指标往往达不到单体电池原有水平，使用寿命可能缩短数倍甚至十几倍，严重影响电动汽车的性能和应用。

（10）成本。

电池的成本与电池的技术含量、材料、制作方法和生产规模有关，新开发的高比能量、比功率的电池成本就高，如锂离子电池，使电动汽车的造价也较高。因此开发和研制高效、低成本的电池是电动汽车发展的关键。

电池成本一般以电池单位容量或能量的成本进行表示，单位为：元/（A·h）或元/（kW·h），以方便对不同类型或同类型不同生产厂家、不同型号的电池进行比较。

（11）放电制度。

放电制度就是电池放电时所规定的各种条件，主要包括放电电流（放电速率）、终止电压和温度等。

1）放电电流：放电电流的大小直接影响电池的各项性能指标，因此介绍电池的容量或能量时，必须说明放电电流的大小，指出放电的条件。放电电流通常用放电率表示，放电率是指电池放电时的速率，有时率或倍率两种表示形式。

2）放电终止电压：与电池材料直接相关，并受到电池结构、放电率、环境温度等多种因素影响。一般来说，由于低温大电流放电时，电极的极化大，活性物质不能充分利用，电池的电压下降较快。

如表3-1所示为EV450动力电池管理系统监测状态数据，包括动力电池包电压、母线电压、母线电流、充放电功率、最高最低单体电池电压和温度等。

表3-1　EV450动力电池管理系统监测状态数据

描述	正常范围	单位
电池包电压	0~600	V
母线电压	0~600	V
主正继电器外侧电压	0~600	V
母线电流	-500~500	A
10 s 充电功率	0~254	kW
30 s 充电功率	0~254	kW
10 s 放电功率	0~254	kW
30 s 放电功率	0~254	kW

续表

描述	正常范围	单位
快充请求电流	0~500	A
累加和	0~600	V
单体电池最高温度	−40~125	℃
单体电池最高温度位置	1~34	
单体电池最低温度	−40~125	℃
单体电池最低温度位置	1~34	
平均温度	−40~125	℃
单体电池最低电压	0~5 000	mV
单体电池最低电压位置	1~95	
单体电池最高电压	0~5 000	mV
单体电池最高电压位置	1~95	
最大 SOC	0~100	%
最小 SOC	0~100	%
显示 SOC	0~100	%
健康状态	0~100	%
主回路高压互锁状态	0~3	
快充回路高压互锁状态	0~3	
主回路高压互锁外侧电压	0~5 000	mV
主回路高压互锁内侧电压	0~5 000	mV
快充回路高压互锁外侧电压	0~5 000	mV
快充回路高压互锁内侧电压	0~5 000	mV
正极绝缘值	0~65 534	K
负极绝缘值	0~65 534	K
供电电源电压	0~12 000	mV
钥匙信号	0~12 000	mV
快充唤醒源电压	0~12 000	mV
CC2 电压值	0~5 000	mV
CRM00 超时标志	0~1	
CRMAA 超时标志	0~1	

续表

描述	正常范围	单位
CTS 或 CML 超时标志	0~1	
CRO 超时	0~1	
CCS 超时	0~1	
接收到 CST（非人工停止）	0~1	
充电桩最大输出电压	0~750	V
充电桩最小输出电压	0~750	V
CCS 输出电流值	0~500	A
CCS 输出电压值	0~600	V
充电插座温度	−40~125	℃
进水口温度	−40~125	℃
出水口温度	−40~125	℃
BMS 状态	0~15	
均衡开启状态	0~5	
热管理开启状态	0~5	
预约充电开启状态	0~3	
智能补电开启状态	0~3	
PCB 最大温度	−40~125	℃
车速	0~200	km/h
总里程	0~1 048 574	km
强制切断继电器次数	0~255	km/h
电池包累计放电容量	0~740 000	A·h
电池包累计充电容量	0~740 000	A·h

7. 单体电池测试的要求及规定

对动力电池性能的要求：

（1）单体电池一致性：同一规格电池的容量一致性、充放电过程中电量变化与电压的变化一致性，放热一致性。

（2）倍率充放电性能好，便于快充，便于大电流放电，满足大功率负载使用要求，自放电小，便于保存，充放电寿命长。

（3）环境温度影响小，特别是能在低温环境中使用。

（4）滥用安全性高，如在过充、过放、挤压、针刺、火烧、浸水、盐雾、潮湿、粉尘时，安全性高。

（5）一个电芯包装外壳可以是一个单体电池，几个电芯并联（电极焊接）并包装外壳后也是一个单体电池；为了电池包布局方便，数个单体电池串联组成模组；数个模组串联，最终组成电池包。

单体电池测试时一般定义：

1）1h率放电电流（A），其数值等于额定容量。

2）3h率放电电流（A），其数值等于额定容量的1/3。

3）3h率额定容量（A·h）。

不同材料的锂电池工作电压表如表3-2所示。

表3-2 不同材料的锂电池工作电压表

电池类型	最高电压	最低电压	电压平台	用途
磷酸铁锂电池	3.7 V	2.65 V	3.2 V	动力电池EV
钴酸锂电池	4.2 V	2.6 V	3.7 V	便携式设备
三元材料电池	4.2 V	3.0 V	3.7 V	动力电池EV
锰酸锂电池	4.2 V	2.5 V	3.8 V	动力电池EV
钛酸锂电池	2.75 V	1.5 V	2.3 V	客车动力电池

纯电动汽车内部单体电池结构如图3-13所示。

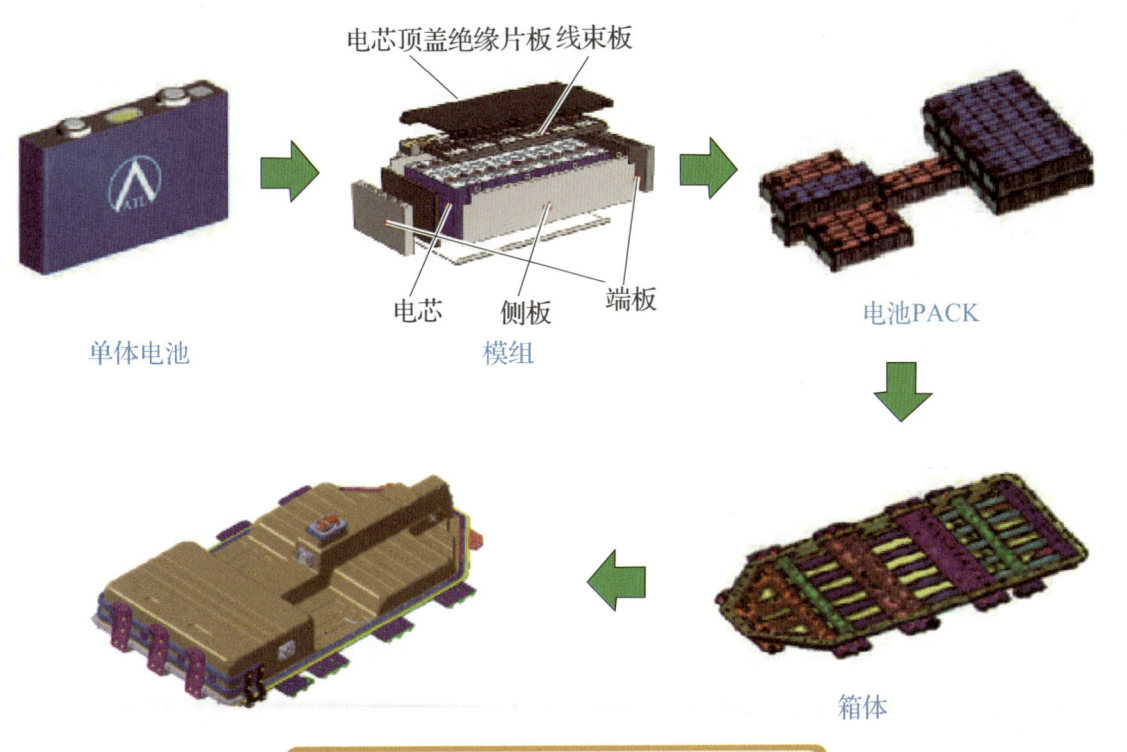

图3-13 纯电动汽车内部单体电池结构

8. 单体电池测试的一般条件

（1）环境要求。

除另有规定，试验环境温度为22℃±5℃，相对湿度为10%~90%，大气压力为86~106 kPa。

（2）对制造商要求。

测试过程中的充放电倍率大小、充放电方法和充放电截止条件由制造商提供。

（3）额定容量要求。

单体电池、电池包或系统的额定容量应符合制造商提供的产品技术条件。

（4）完全充电要求。

除有特殊规定，试验对象均以制造商规定的完全充电状态进行测试。

（5）充电电流的要求。

单体电池、电池包或系统放电电流符号为正，充电电流符号为负。

（6）测量仪器、仪表准确度。

测量仪器、仪表准确度应不低于以下要求（FS即满量程）：

1）电压测量装置：±0.5%FS；

2）电流测量装置：±0.5%FS；

3）温度测量装置：±0.5℃；

4）时间测量装置：±0.1%FS；

5）尺寸测量装置：±0.1%FS；

6）质量测量装置：±0.1%FS。

9. 测试过程误差的要求

控制值（实际值）与目标值之间的误差要求如下：

（1）电压：±1%；

（2）电流：±1%；

（3）温度：±2℃。

10. 单体电池试验准备

（1）标准充电。

单体电池先以制造商规定且不小于1I3的电流放电至制造商技术条件中规定的放电截止电压，搁置1 h（或制造商提供的不大于1 h的搁置时间），然后按制造商提供的充电方法进行充电，充电后搁置1 h（或制造商提供的不大于1 h的搁置时间）。

若制造商未提供充电方法，则由检测机构和制造商协商确定合适的充电方法，或依据以下方法充电：

按厂家提供的专用规程进行充电。若厂家未提供充电器，在20℃±5℃条件下，电池以1I3电流放电，至电池电压达到3.0 V（或企业技术条件中规定的放电截止电压）时停止放电，静置1 h，然后在20℃±5℃条件下以1I3（A）恒流充电，至电池电压达4.2 V（或企业技术条件中规定的充电截止电压）时转恒压充电，至充电电流降至0.1I3时停止充电。充电后静置1 h。

（2）单体电池测试预处理。

1) 一般单体电池正式测试开始前，单体电池需要先进行预处理循环，以确保试验对象的性能处于激活和稳定的状态。步骤如下：

a. 按照标准充电的要求对单体电池进行标准充电；

b. 以制造商规定的且不小于1I3的电流放电至制造商规定的放电截止条件；

c. 静置30 min或制造商规定时间；

d. 重复步骤a~c不超过5次。

2) 如果单体电池连续两次的放电容量变化不高于额定容量的3%，则认为单体电池完成了预处理，预处理循环可以中止。

II. 单体电池测试的常检测项目及安全要求

（1）外观检测。

单体电池在良好的光线条件下，用目测法检查其外观，外观不得有变形及裂纹，表面应平整、干燥、无外伤、无污物等，且标志清晰、正确，如图3-14所示。

（2）极性检测。

单体电池检测时，用电压表检测其极性时，端子极性应正确，并应有正负极的清晰标识，如图3-15所示。

图3-14 单体电池外观检测

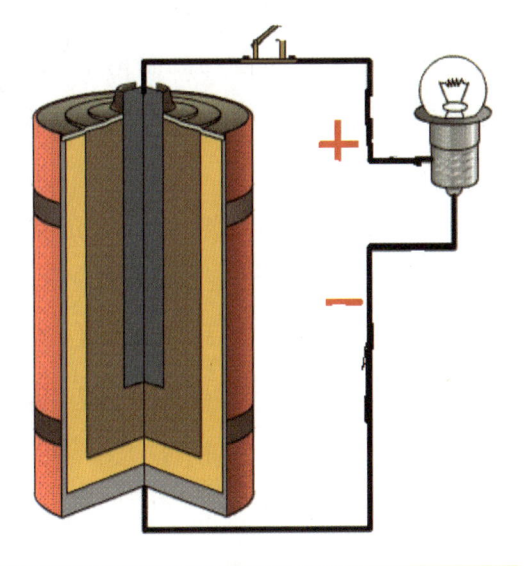

图3-15 单体电池的极性检测

（3）外观尺寸及质量。

单体电池外形尺寸、质量测量时，所用的量具和衡器，测量要求应符合生产企业提供的技术条件。

（4）20℃放电容量。

1）单体电池按标准充电的方法充电。

2）单体电池在20℃±5℃下以1I3电流放电，直到放电截止电压3.0 V或企业技术条件中规定的放电截止电压。

3）用1I3的电流值和放电时间数据计算容量（以A·h计）。

4）如果计算值低于规定值，则可以重复1）~3）步直至大于或等于规定值，允许进行5次。

检测单体电池20℃放电容量，按上述方法检验时，其容量不低于企业提供的技术条件中规定的额定值，同时容量不应高于企业提供的技术条件中规定的额定值的110%。

（5）常温与高温荷电保持与容量恢复能力。

1）单体电池按标准充电的方法充电。

2）单体电池在20℃±5℃下储存28天。

3）单体电池在20℃±5℃下以1I3（A）电流放电，直到放电截止电压3.0 V或企业技术条件中规定的放电截止电压。

4）用3）的电流值和放电时间数据计算容量（以A·h计），荷电保持能力可以表达为额定容量的百分数。

5）单体电池再按标准充电的方法充电。

6）单体电池在20℃±5℃下以1I3（A）电流放电，直到放电截止电压3.0 V或达到企业技术条件中规定的放电截止电压。

对单体电池进行常温与高温荷电保持率与容量恢复能力测试，按上述方法试验时，要求其常温及高温荷电保持率应不低于额定值的80%，容量恢复能力应不低于额定值的90%。

（6）储存。

1）单体电池按标准充电的方法充电。

2）单体电池在20℃±5℃下以1I3（A）电流放电2 h。

3）单体电池在20℃±5℃下储存90天。

4）单体电池按标准充电的方法充电。

5）单体电池在20℃±5℃下以1I3（A）电流放电，直到放电截止电压3.0 V或达到企业技术条件中规定的放电截止电压。

（7）循环寿命。

1）单体电池按标准充电的方法充电。

2）单体电池在20℃±5℃下以1.5I3（A）电流放电，直到放电容量达到额定容量的

80%。

3）单体电池按标准充电的方法充电。

4）单体电池按2）~3）步连续重复24次。

5）按20℃放电容量的方法检查单体电池容量。如果单体电池容量小于额定容量的80%则终止试验。

（8）安全性。

1）所有单体电池安全试验均在有充分环境保护的条件下进行。

2）单体电池安全性的试验一般包括过放电、过充电、短路、加热等试验。

在最新的国标GB 38031—2020《电动汽车用动力蓄电池安全要求》中删除了单体电池跌落的安全要求和试验方法，同时也删除了单体电池针刺的安全要求和试验方法，以及3种单体电池针刺实验对比。

3）单体电池安全性的试验要求如下：

a. 单体电池进行过放电试验时，应不爆炸、不起火、不漏液。

b. 单体电池进行过充电试验时，应不爆炸、不起火。

c. 单体电池进行外部短路试验时，应不爆炸、不起火。

d. 单体电池进行加热试验时，应不爆炸、不起火。

e. 单体电池进行温度循环试验时，应不起火、不爆炸。

f. 单体电池进行挤压试验，应不起火、不爆炸。

由一个或多个单体电池并联成一个组合，称电池模组；把每个电池模组串联起来形成动力电池组。

例如3P91S，则为3个单体电池并联组成一个电池模组，再由91个电池模组串联成动力电池组。

吉利帝豪EV450动力电池有17个电池模组，总电压346 V，每个电池模组由6个单体电池串联而成，如图3-16所示。

图3-16 吉利帝豪EV450动力电池模组线路板

电池组装在电池箱体中，电池箱体螺接在车身地板下方，其防护等级为 IP67，螺栓拧紧力矩为 80~100 N·m。整车维护时需观察电池箱体螺栓是否有松动，电池箱体是否破损、严重变形，密封法兰是否完整，确保动力电池可以正常工作。

通过检测电池组中各单体电池的状态来确定整个电池系统的状态，并根据单体电池的状态对动力电池系统进行对应的控制调整和策略实施，实现对动力电池系统及各单体电池的充放电管理以保证动力电池系统安全稳定地运行，进而达到增加行驶里程，延长使用寿命，降低运行成本的目的。吉利帝豪 EV450 动力电池 BMS 模块如图 3-17 所示。

图 3-17 吉利帝豪 EV450 动力电池 BMS 模块

关于单体电池充电上限电压与放电截止电压的计算方法举例：

以电池成组（PACK），SK 三元锂电池为例：

电芯的种类：NCM/Gr. 30.5 A·h

电压范围 3.0~4.15 V，额定电压 3.65 V

电芯并联的个数：（3p），30.5 A·h×3=91.5 A·h

电芯串联的个数：91

电压范围 270~377 V；电池包额定电压 3.65 V×91=332 V

总电量（kW·h）30.4

电池系统循环寿命（90%DOD）≥ 3 000

低功率交流充电 3.3 kW；直流快充 30 min 充至 80%

快速充满电时间：1 h   慢充 8~9 h

377 V÷91=4.14 V   373 V÷91=4.09 V

361 V÷91=3.96 V   319 V÷91=3.50 V

所以，SK 三元锂电池充电上限截止电压 4.14 V；

放电截止电压 3.50 V，留出 0.5 V 可以保证电池不会过放。

实训操作模块

实训一　监测动力电池状态

实训目标

（1）理解动力电池电量管理、均衡管理、热管理、安全及通信管理的基本原理。
（2）能阐述动力电池各项管理的基本原理。
（3）能结合吉利帝豪EV450的动力电池各项数据参数对测量结果进行分析。

实训任务

李先生来到新能源汽车4S店对自己的新能源汽车做维护保养，李先生反映车辆的仪表最近经常出现报警，仪表中偶尔报整车系统故障报警灯和动力蓄电池故障。维修技师小刘对车辆进行了检查，怀疑可能是蓄电池模块内部问题，于是需要对动力蓄电池整包进行检查，检测蓄电池模块。

任务实施

请进行维修作业前检查及车辆防护，并记录信息

①维修作业前现场环境检查

	作业内容： 检查绝缘垫，设立隔离柱，布置警戒线，张贴警示牌。 作业结果： _____ _____

②维修作业前防护用具检查

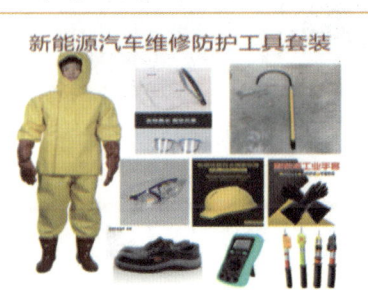

	作业内容： 绝缘手套、绝缘鞋、护目镜、安全帽外观及性能检查。 作业结果： _____ _____

③维修作业前仪表工具检查

作业内容：
绝缘万用表、绝缘工具箱、放电工装外观及性能检查。

作业结果：
_____
_____

④维修作业前实施车辆防护

作业内容：
铺设翼子板防护垫、汽车维修三件套、脚垫。

作业结果：
_____
_____

操作	结果
1. 蓄电池模块外观检查  	有无变形及裂纹，表面应平整干燥、无外伤，且排列整齐、连接可靠、标志清晰
2. 测量蓄电池电压	标准 11~14 V
3. 极性检测  	当读数为正值时，与红表笔接触的为正极，与黑表笔接触的为负极
4. 在动力蓄电池测试台架上面以恒流充电。轻按系统开关，等待几秒后电脑自动开机。双击选择"动力蓄电池测试软件"，单击进入"动力蓄电池系统"，单击进入右上角"测试项目"，选择"恒流充电试验"，单击"确定"按钮，设置"电流""时间""电压"，单击左上角"运行"按钮，单击"确定"按钮。	  确保设备线束连接完成，顺时针旋转电源开关，设备上电。测试试验结束后单击"右上角 ×"，单击"确定"按钮关闭软件

实训二　排除单体电池电压过低故障

实训目标

（1）掌握动力蓄电池单体电池测试的 GB 国标试验准备及测试条件。
（2）掌握动力蓄电池单体电池测试中标准充电的要求。
（3）掌握动力蓄电池单体电池测试的项目及安全要求。
（4）掌握动力蓄电池单体电池测试的安全要求及预处理方法的能力。

实训任务

小王在一家新能源汽车 4S 店工作，今天接到了一辆事故车，由于车辆的单体电池和蓄电池模块都出现问题需要进行维修、更换。而单体电池更换前，需要维修人员对储能单体电池的测试在基础知识、工作要求及相关仪器设备的使用上有全面的认识。

任务实施

1. 请进行维修作业前检查及车辆防护，并记录信息

①维修作业前现场环境检查

作业内容：
检查绝缘垫，设立隔离柱，布置警戒线，张贴警示牌。

作业结果：
_____
_____

②维修作业前防护用具检查

作业内容：
绝缘手套、绝缘鞋、护目镜、安全帽外观及性能检查。

作业结果：
_____
_____

③维修作业前仪表工具检查	
	作业内容： 绝缘万用表、绝缘工具箱、放电工装外观及性能检查。 作业结果： _____ _____
④维修作业前实施车辆防护	
	作业内容： 铺设翼子板防护垫、汽车维修三件套、脚垫。 作业结果： _____ _____

2. 将动力电池功能模拟实训互动教学平台系统（以下简称实训台架）置于良好水平地面，紧脚轮后接入额定工作电压 220 V 交流电源，记录数据

	实训台架脚轮：■已锁止 □未锁止
	额定工作电压：■已接入 □未接入
	漏电保护开关：■闭合 □断开
	设备供电状态：■正常 □异常
	提示：依次开启总电源开关、电脑起动开关。 若设备供电异常，请及时上报实训教师

3. 实训台架设备供电正常后，单击界面快捷方式进入考核软件系统

	提示：请仔细阅读安全须知，学生通过指定的账号和密码即可登录。实训教师可在教师端模拟演示动力蓄电池的典型故障，学生亦可根据提示信息完成某一典型故障诊断排查的实训任务。详见实训台架使用说明书，此步骤不再赘述

4. 将车辆钥匙置于 ON 挡后，利用检测工具在实训台架面板测量并记录动力蓄电池相关数据

组合仪表	其他数据
荷电状态：<u>28%</u> 电压值 <u>68.4 V</u>	内部总电压：<u>68.4 V</u> 外部总电压：<u>67.9 V</u>
仪表现象：■正常无故障 □异常报故障	总正继电器当前状态：■闭合 □断开
模组电压（17组）	总负继电器当前状态：■闭合 □断开

最高电压：4.095 V　编号：10	预充继电器当前状态：□闭合　■断开
最低电压：3.876 V　编号：17	正极对地绝缘电阻：2.0 MΩ
平均电压：4.023 V　压差：0.219 V	负极对地绝缘电阻：2.0 MΩ

【正常上电后，总电压理论值为 72 V。以上数据仅供参考，最终以实际测量结果为准】

5. 将动力电池分析仪接入实训台架面板诊断接口，读取动力蓄电池系统数据流

提示：将读取的数据信息与实测的数值进行对比，并在实训教师的指导下查看解析其他数据流信息

6. 在实训台架中拆卸最高和最低电压对应编号的电池模组，记录数据

单体电池类型：锂离子电池

额定电压：3.65 V　额定容量：5300 mA·h

提示：拆卸电池模组前，务必关闭实训台架所有电源

7. 利用单体电池充放电仪，将已拆卸的电池模组进行充/放电测试，放电截止电压或充电截止电压按规定数值设置，记录数据

充电测试：截止电压：4.2 V　充电电流：2.0 A

放电测试：
截止电压：2.7 V　放电电流：5.0 A
【充放电电流根据需求设定，以上数据仅供参考】

提示：请认真阅读仪器使用说明书，再按步骤进行测试。测量单体电池内阻时，也可使用专业的内阻测试仪。请将恢复完毕的电池模组重新安装到实训台架

模块四
动力电池 BMS 控制器故障检修

>>> 基础知识模块
JICHU ZHISHI MOKUAI

动力电池 BMS 控制器

一、动力电池管理系统组成

动力电池系统由动力电池、动力电池管理系统、动力电池油箱、辅助元器件组成，其中动力电池管理系统（BMS）是动力电池系统的核心，也是电动汽车中非常重要的一个电子控制子系统，负责对动力电池进行监测、安全保护和运行管理，确保电动汽车安全行驶，提高动力电池的性能与寿命。

BMS 作为一个为管理动力电池而设计的电子控制系统，由传感器、控制器和执行元件组成。如图 4-1 所示，BMS 主要的传感器包括电池温度传感器、冷却液温度传感器、电流传感器、电压检测模块、高压互锁监测模块（部分车型与 VCU 集成）、绝缘监测模块等，主要的执行元件包括高压继电器、均衡控制电路、热管理系统的电子水泵和温控阀等。

动力电池管理系统通过传感器及监测模块对动力电池状态进行监测、运算分析，按一定的控制策略对动力电池进行能量控制、均衡控制、故障自诊断等，并与整车控制器（VCU）、车载充电机（OBC）、仪表等进行交互。动力电池管理系统的各组成部件故障可导致电动汽车无法上电、无法充电等。动力电池管理系统常见故障主要包括：CAN 总线通信故障、BMS 控制器自身故障、单体电池电压采集异常、温度采集异常、电流采集异常、高压绝缘故障、总电压检测故障、高压互锁故障等。

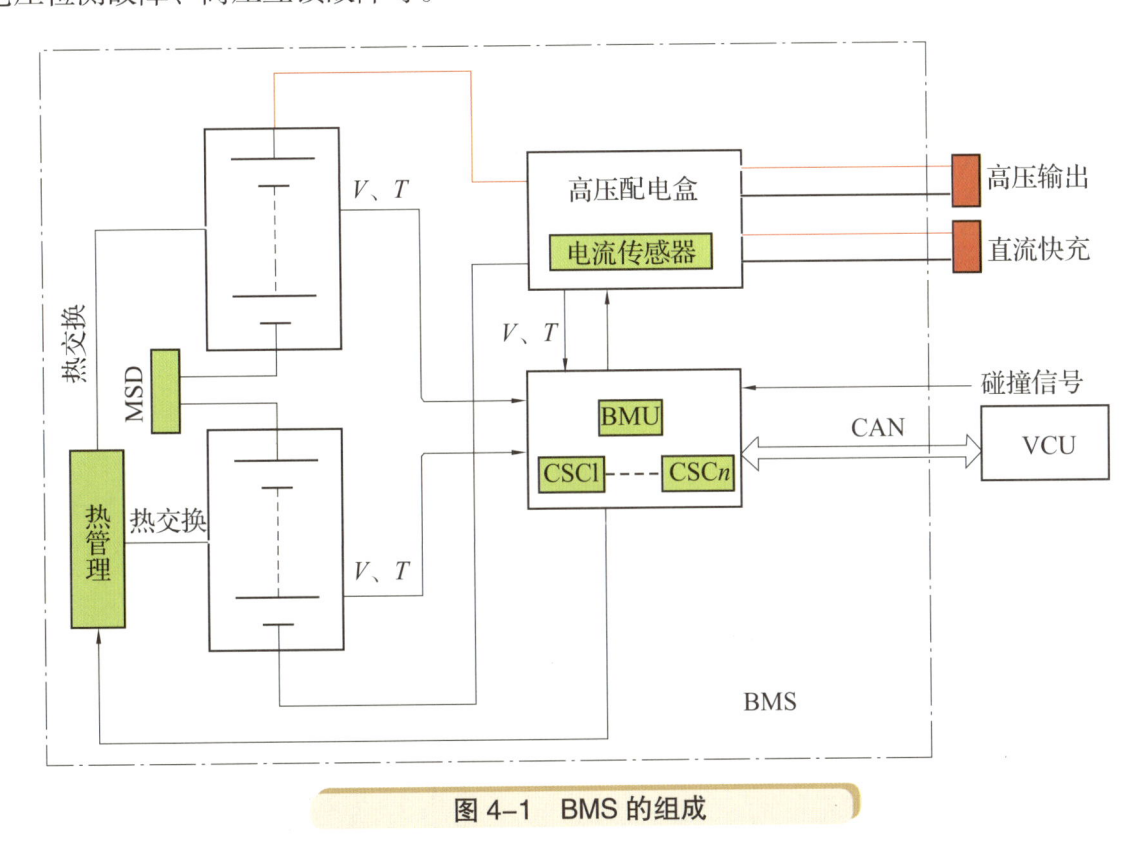

图 4-1 BMS 的组成

二、动力电池管理系统能量控制策略

动力电池管理系统能量控制策略主要包括上下电控制策略、充电控制策略、均衡控制策略等。电动汽车采用高压动力电池作为动力源，高压上电是电动汽车驱动系统连接动力电池，做好行驶准备的前提条件。高压上电是指电动汽车接收驾驶员上电指令，动力电池管理系统（BMS）按控制策略，在满足上电条件的情况下，控制动力电池预充继电器完成预充，主正继电器、主负继电器闭合，动力电池给高压电气部件供电的过程。高压下电指电动汽车接收驾驶员下电指令或出现不满足上电条件的情况，BMS 控制动力电池主正、主负继电器断开，动力电池停止给高压电气部件供电。充电控制指 BMS 与 OBC、直流充电桩等进行交互，控制预充继电器完成预充，主正、主负继电器或直流充电继电闭合，充电设备给动力电池充电的过程，并在充电过程中监测充电状态控制充电电流等。

1. 吉利EV450 BMS上下电控制策略

（1）吉利EV450高压系统组成与工作原理。

吉利EV450高压电气系统架构如图4-2所示，包括动力电池包、车载充电机及分线盒总成、压缩机、PTC、电机控制器总成、驱动电机和交直流充电插座。高压分配单元（B-BOX）集成于动力电池包内，由主正继电器、负极继电器、主预充继电器、预充电阻、直流充电预充继电器、直流充电预充电阻和直流充电正极继电器组成。高压分配单元（B-BOX）内所有继电器均由动力电池管理系统BMS控制，根据整车上电、交流充电、直流充电等不同工作状态需求，吸合相应的继电器，进行高压电源管理。

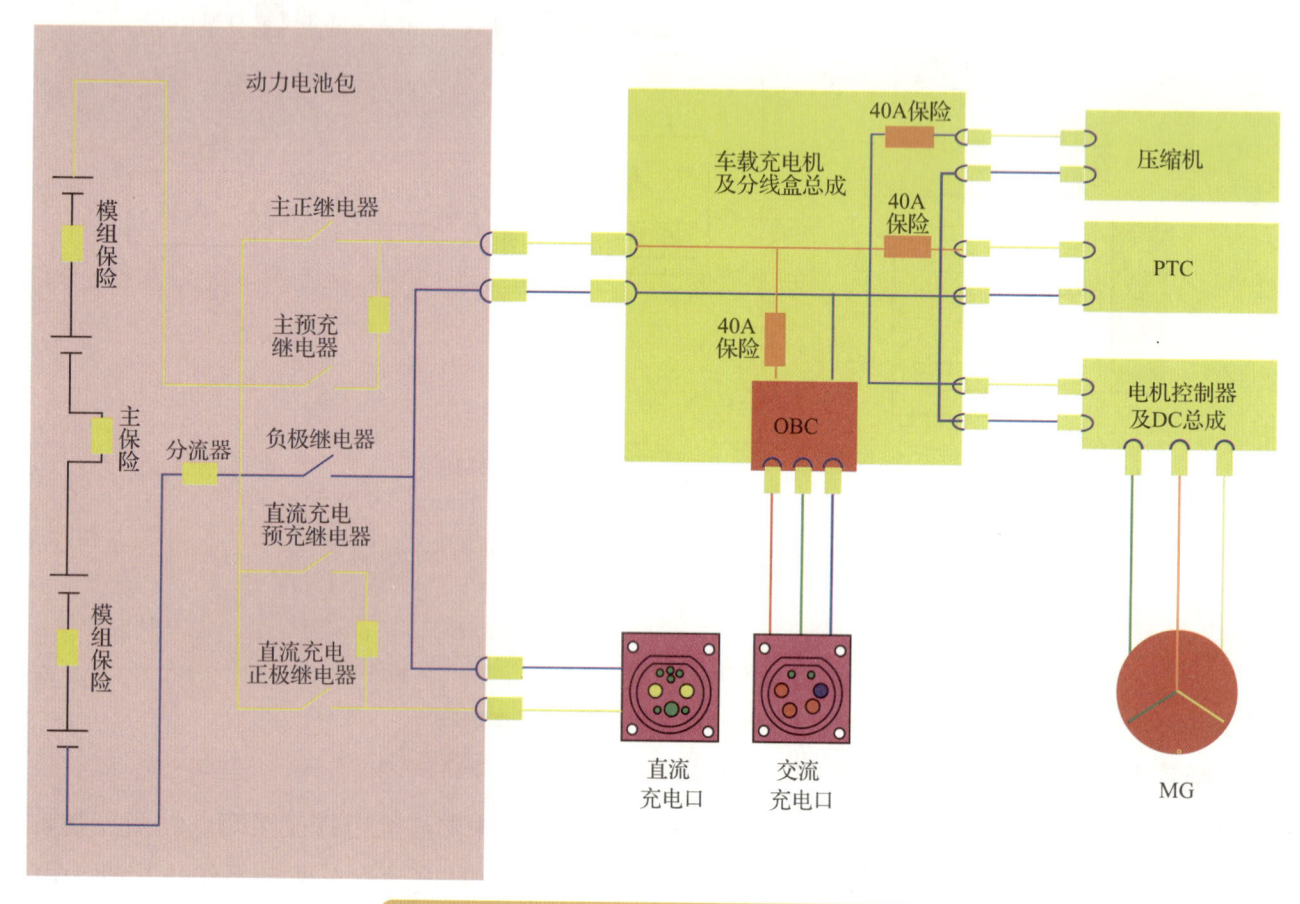

图4-2 吉利EV450高压电气系统架构

吉利EV450动力电池管理系统BMS采用集中式结构，动力电池控制单元（BMU）和动力电池信息采集模块（CSC）集成一体。集成一体的BMS控制器安装于动力电池包内部，是电池管理系统核心部件，BMS控制器将单体电池电压、电流，温度及整车绝缘等信号上报整车控制器（VCU）并根据VCU指令完成对动力电池的控制。

吉利EV450动力电池管理系统BMS控制器的低压接插器为CA69和CA70，如图4-3所示，其端子定义如表4-1所示。

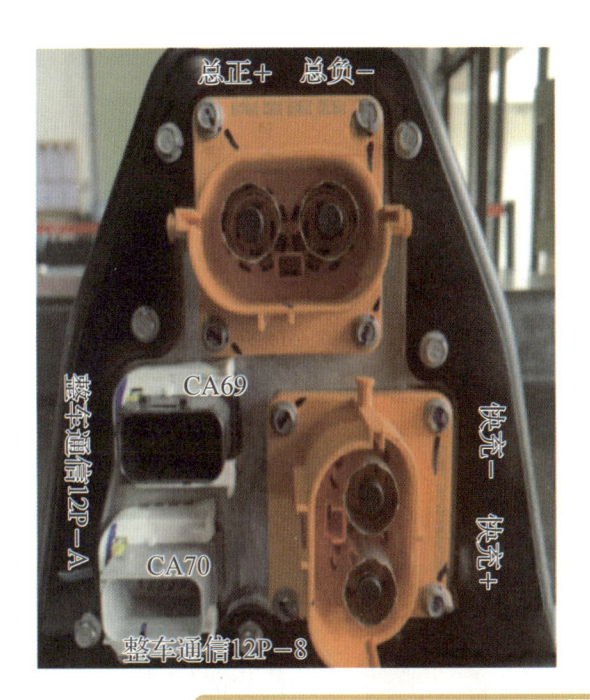

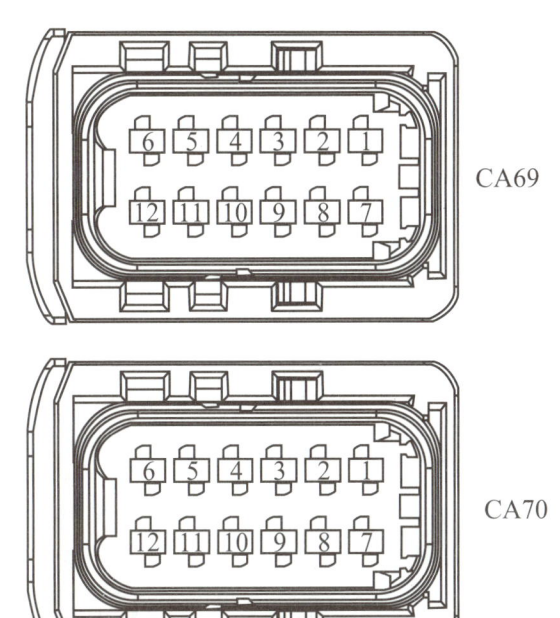

图 4-3 吉利 EV450 动力电池管理系统 BMS 控制器的低压接插器

表 4-1 吉利 EV450 动力电池管理系统 BMS 控制器的低压接插器端子定义

CA69 端子号	端子定义	颜色	CA70 端子号	端子定义	颜色
1	常电 12 V	R/L	1	快充 CCAN_H	O/L
2	电源地 GND	B	2	快充 CCAN_L	O/G
3	整车 CAN_H	Gr/O	3	快充 CC2	Br
4	整车 CAN_L	L/B	4	快充 wakeup	R
6	Crosh 信号	L/R	5	快充 wakeup GND	B/R
7	IG2	G/Y	11	快充插座负极柱温度 +	B/Y
9	快充插座正极柱温度 +	W/L	12	快充插座负极柱温度 -	B/W
10	快充插座正极柱温度 -	G/Y			
11	诊断接口 CAN_H	UW			
12	诊断接口 CAN_L	Gr			

（2）吉利 EV450 上电过程。

吉利 EV450 上电控制涉及整车控制器（VCU）、动力电池管理系统（BMS）、电机控制器（PEU）、车身管理控制器（BCM）、减速机控制器（TCU）、安全气囊控制器（ACU）、高压配电盒（B-BOX）、驱动电机、制动开关等，如图 4-4 所示。

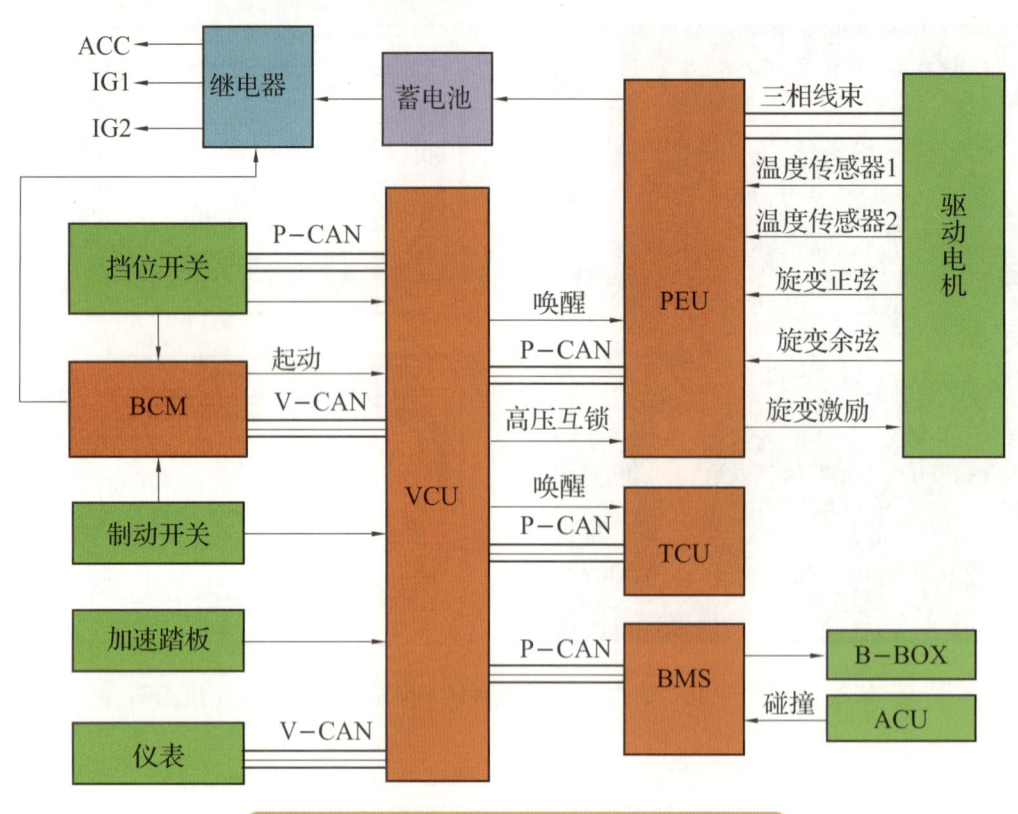

图 4-4 吉利 EV450 上电控制原理图

1）吉利 EV450 采用无钥匙进入与起动系统，车身控制模块 BCM 检测周围遥控器（UID）的有效性，遥控器发出信号回应车辆，BCM 控制解锁转向柱电子锁（ESCL），此时 BCM 通过 CAN 网络系统与动力系统进行信息认证。当驾驶员将一键起动开关置于 ACC 挡，BCM 通过 IP23/32 端子控制 ACC 继电器 IR03 闭合，给 ACC 用电设备供电。当驾驶员将起动开关置于 ON 挡，BCM 通过 IP23/15、IP23/31 控制 IG1、IG2 继电器闭合，IG1 给 VCU 供电，IG2 给 BMS、PEU 等电控单元供电，VCU、BMS、PEU 等进行自检，无故障进入下一步。

2）当驾驶员踩下制动踏板，按下起动开关（ST 挡），请求上电时，BCM 发送起动信号给 VCU，VCU 通过动力 CAN（PCAN）检测是否满足上电条件，包括制动开关信号、挡位开关信号、高压互锁信号、旋变传感器正弦信号、旋变传感器激励信号、温度传感器信号、碰撞信号、动力电池电流电压、整车漏电信号等是否正常。

3）满足上电条件的情况下，VCU 通过动力 CAN 唤醒 BMS，BMS 控制负极继电器先闭合，然后启动预充程序，先闭合主预充继电器，串联预充电阻向车载充电机及分线盒总成输出高压电。BMS 监测输出母线电压，当输出母线电压与动力电池电压相差小于 50 V 时，控制主正继电器闭合，断开主预充继电器，完成上电过程。

4）完成上电后，VCU 通过 VCAN 总线点亮仪表"READY"指示灯。同时 VCU 向 PEU 发送指令，指示电机使能信息、电机模式信息（再生制动、正向驱动、反向驱动）以及相应模式下的电机转矩；PEU 向 VCU 上报电机和控制器的各种参数及故障报警信息，主要参数包括电机转速、电机转矩、电机电压和电流，车辆进入行驶准备状态。

（3）吉利 EV450 下电过程。

上电状态下，BMS、VCU、PEU 等监测到漏电、碰撞、高压互锁、旋变传感器等故障信号时，然后让 BMS 控制主正继电器、负极继电器和分压继电器断开，电动汽车下电。当驾驶员再次按下起动按钮下电时，BCM 向 VCU 请求下电，VCU 通过 PCAN 总线让 PEU 切断驱动电机驱动电源，然后通过 PCAN 发送指令给 BMS，BMS 控制主正继电器、负极继电器断开，电动汽车下电。

2. 动力电池 CAN 总线故障检查

动力电池数据通信和信息管理通常采用总线技术来实现数据传输，CAN 总线是一种串行多主控制器局域网总线。汽车 CAN 总线的作用是将不同控制器连接起来，实现可靠的信息共享，减少车辆线束的数量。

车身 CAN、仪表板动力电池显示、动力电池与整车控制器之间的通信通过整车 CAN 进行信息传递，快速充电端口与 BMS、数据采集终端（RMS）分别通过快速充电 CAN 通信。此外，整车控制器的程序升级通过 CAN 通信进行程序刷写。

基于 CAN 的电池检测拓扑结构如图 4-5 所示，整车控制器通过读取 CAN 总线网络进行实时通信，可以实时获取车辆各子系统的运行状态信息，并在需要时向相应的部件控制器发出指令。CAN 总线通信电路的常见故障主要有线路故障和接插器故障。罕见的硬件故障可以通过更换新硬件来确定硬件本身的故障。线路和接头的故障需要用万用表测量来检查 CAN 总线系统的特性。

CAN 总线的两个终端是 BMS 和 VCU，它们都有一个内置的 120 Ω 终端电阻。当动力电池的负极未连接时，正常网络的电阻值应为 60 Ω。如果发现异常，检查终端接插件 CAN_H 和 CAN_L 是否有连接错误的针脚，例如退针、接触不良、线束断路等现象。

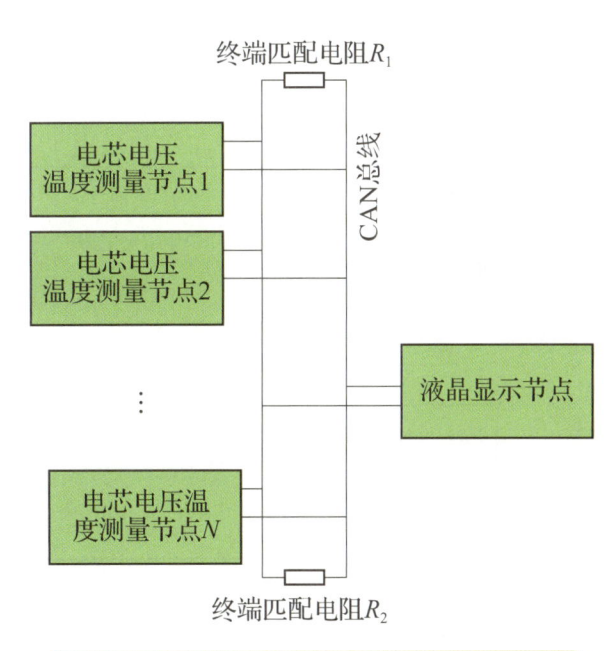

图 4-5 基于 CAN 的电池检测拓扑结构

若接插件无故障，则在动力电池负极断开的情况下，用万用表对任意一个含 CAN 接插件的 CAN 线检查电阻，如果测量的阻值不是 60 Ω，则逐一拔掉 CAN 接插件，直至出现 60 Ω 时，则说明刚拔下的接插件或用电器存在问题；若仍没有查明原因，则检查 CAN 对地是否短接，如果出现短接，可判断 CAN 线与屏蔽层短接，剥开 CAN 屏蔽层排查。

三、电池状态显示与信息交互

BMS 是电动汽车动力电池系统的重要组成部分,主要功能是检测电池模块中每个电芯的状态,经过综合计算,确定整个电池系统的荷电状态(SOC)和健康状态(SOH)。并根据动力电池系统的状态,对其进行相应的控制调整和策略实施,实现动力电池系统和单体电池的充放电管理,确保动力电池系统的安全稳定运行。BMS 一方面检测收集并初步计算电池实时状态参数,并根据检测值与允许值的比较关系控制供电回路的通断;另一方面,它将采集的关键数据上报给整车控制器,并接收控制器的指令,与车辆上的其他系统协调工作。

BMS 中的电气故障是指电动汽车相关国家标准及行业标准中要求必须检测的故障类型,并通过所用电池参数及具体工程条件可以确定相应阈值。这类电气故障主要包括电芯电压偏高、电芯电压偏低、电芯温度偏高、电芯温度偏低、电芯压差偏大、电芯温差偏大、电池组总电压偏高、电池组总电压偏低、SOC 偏低、稳态充电过电流、稳态放电过电流、漏电超限等可检测的故障类型。

BMS 的基本功能可分为检测、计算、管理和保护四大部分。如图 4-6 所示是 BMS 内部的 CAN 通信和与外部系统的 CAN 通信关系的框图。

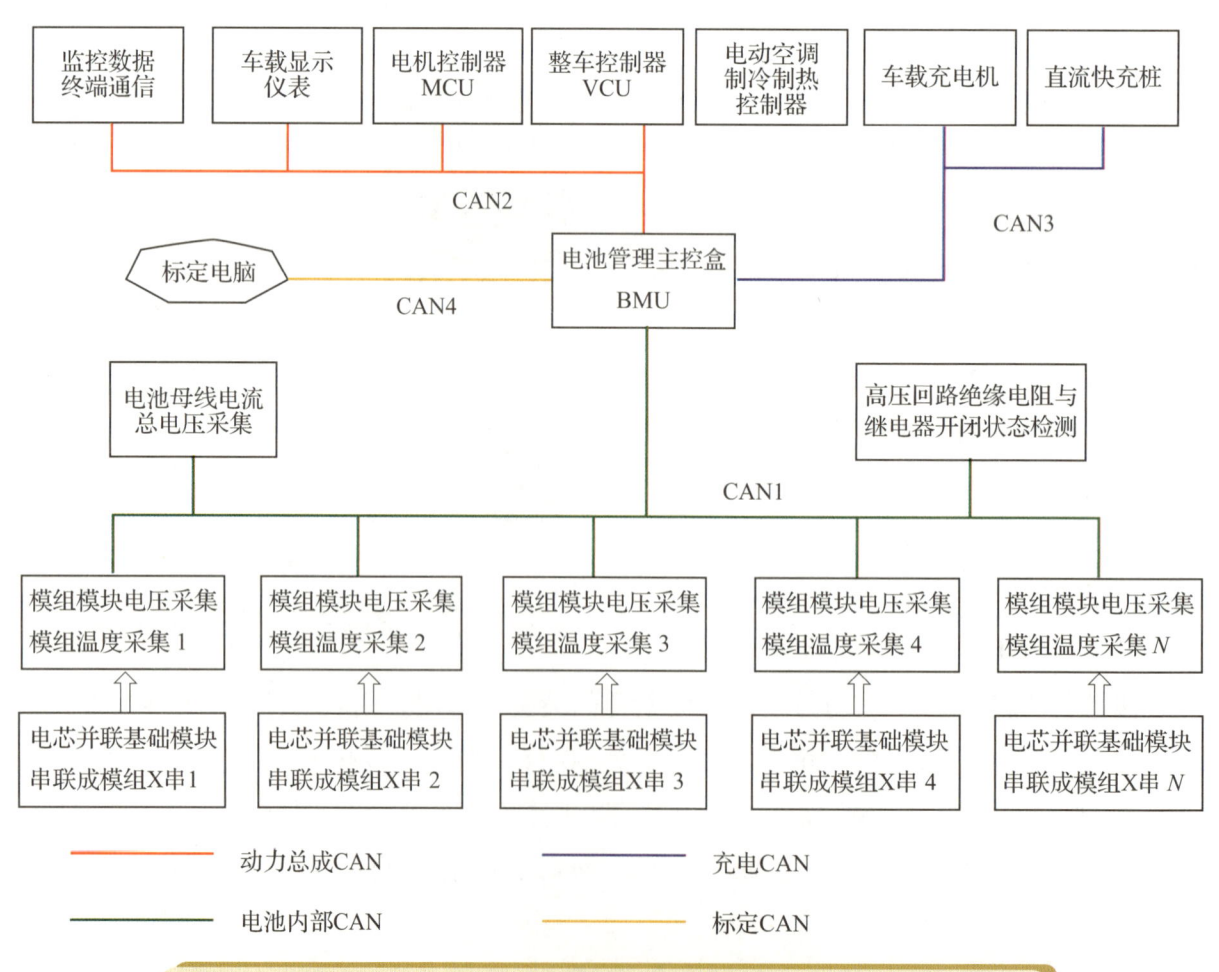

图 4-6 BMS 内部的 CAN 通信和与外部系统的 CAN 通信关系的框图

多个电芯并联形成一个基本模块后,再将基本模块串联,形成一个易于布置在动力电池组中的模块。每个模块都有编号,每个模块中的基本模块也有自己的序列号,基本模块的正负极分别引出检测线,集中成低压检测线束,送至电压采集从控盒的相应接插器,然后分别引导电芯电压检测电阻矩阵的对应电阻。从控盒电路板上的检测电路对每个动力电池单元进行电路检查。将电压数据隔离后送到电路板计算区进行处理,再通过内部的 CAN 线送到主控盒进行分析处理。主控盒需要进一步计算整个动力电池组内 SOC、最高电压单元和最低电压单元之间的差值是否超标,是否达到放电截止电压或充电截止电压;确认后,进行后续控制处理。

电池温度检测主要通过在电池模块上安装温度传感器进行。温度传感器放置在模块接线板附近,其测量引线被发送到从控盒接头的相应插脚,然后通过内部的 CAN 线送至主控盒电路进行处理。温度信号是电池热保护和高低温加热或冷却控制的重要因素。

动力电池管理系统可分为两大模块:主控模块和从控模块。数据采集单元由温度采集模块和电压采集模块组成,CAN 总线技术一般用于实现通信。

BMS 通过通信接口与整车控制器、电机控制器、能量管理系统、车辆显示系统、远程监控终端等进行通信。如图 4-7 所示,BMS 的软件设计功能一般包括系统初始化、自检功能、系统检测功能、电压检测、温度采集、电流检测、绝缘检测、SOC 估计、CAN 通信、上下电气控制等;动力电池管理技术指标包括最大可测总电压、最大可测电流、SOC 推定误差、电压测量精度、电流测量精度、测温精度、工作温度范围、CAN 通信、故障诊断、故障存储、在线监测和调试等功能。

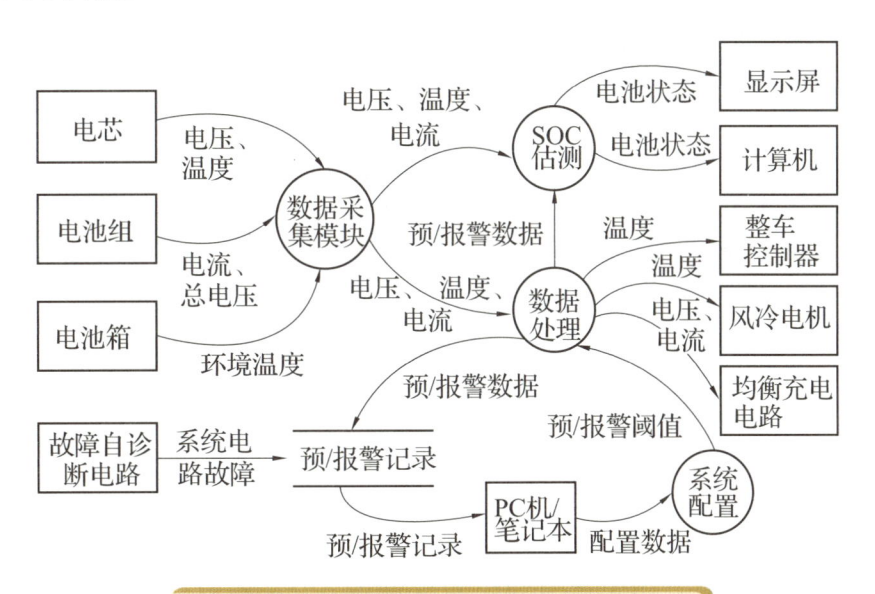

图 4-7 主控软件数据功能示意图

在通信时,首先利用从控盒的数据采集模块采集每个电池的电压、电流、温度等数据,然后将采集到的数据发送到主控模块。主控模块对数据进行计算、分析和处理后,发出相应的程序控制,对电池系统或电池进行调节,并将实时数据发送到显示器。

BMS数据采集包括电池模块电流和总电压的检测，以及电池电压和温度的检测。使用电流传感器和电压传感器检测动力电池模块的电流和总电压，将采集到的数据发送到ECU上的模拟输入通道，并由模拟输入模块读取。但是，由于模块的输出值代表模拟源的电压与参考电压的比值，并且ECU的参考电压为5 V，因此必须转换模块的输出值以直观地显示检测结果。

一般来说，动力电池的衰减率不是线性的。不能用某一年的衰变量乘以年数来估计。在初始阶段，由于活性物质与电解质之间的固体电解质界面膜尚未达到稳定平衡状态，电池衰减比较明显。在电芯老化过程中，界面趋于稳定状态。这层钝化膜对活性物质的保护作用越来越大，电池衰减速度也会越来越慢。此外，电池的衰减与车辆的运行条件、环境温度和充电方法密切相关，同一车型的两款车的电池寿命性能可能有所不同。

主程序和定时器中断程序的工作流程如图4-8所示。BMS应满足规定条件下的控制精度要求，如过电压运行、欠电压运行、高低温环境等。例如，BMS收集诸如电池单元的电压和温度、电池模块的电流和总电压、电池箱的环境温度等数据，然后执行诸如SOC估计等数据处理。估计的SOC值将输出给车载仪表显示，以便驾驶员在驾驶过程中及时掌握电池信息。如果计算机连接到BMS，电池状态也将传输到计算机以监视和设置BMS。BMS数据处理包括三个方面：

（1）将处理后的温度值输入整车控制器和风冷电机，作为整车控制器驱动电机和控制车速的条件之一，控制是否启动动力电池箱的冷却管理。

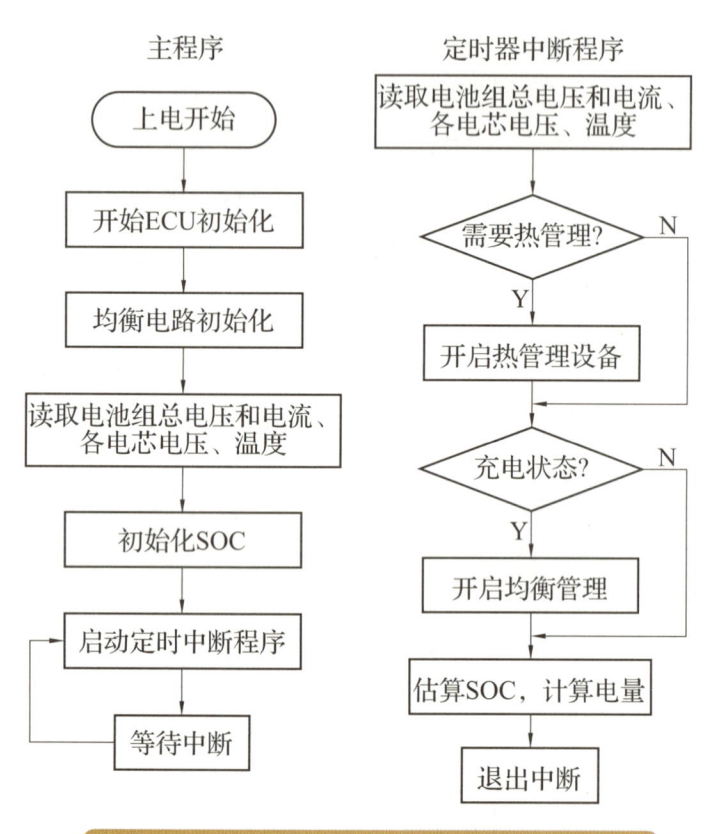

图4-8 主程序和定时器中断程序的工作流程

（2）将处理后的电压、电流值输入平衡充电电路，实现电池的平衡充电，防止电池过充电。

（3）系统由计算机配置，根据配置数据生成预警/报警阈值。数据处理通过该阈值生成预警/报警数据。预警数据是SOC估计的重要依据之一。同时与故障自诊断电路诊断的系统电路故障一起写入预警/报警记录。

电动汽车中与动力传输相关的部件包括点火锁、接线盒、整车控制器、驱动电机、电机控制器、DC/DC变换器、动力电池、动力电池管理系统和车载充电机。

其中，电机控制器、动力电池管理系统、整车控制器和车载充电机可以用作收发器节点。通过 CAN 总线的连接，各节点通过相互通信，获得其他部件的工作状态，使车辆系统能够高效、可靠地工作。

CAN 总线监控线程流程如图 4-9 所示。电池管理系统一般包括电池电压和温度信号采集模块、总电流和总电压信号采集模块、车辆参与通信模块、高压接触器控制和电池均衡模块。高压接触器包括 B+ 接触器、B- 接触器、预充电接触器、DC/DC 变换器接触器和车载充电机接触器。均衡功能包括电池电压均衡和温度均衡两个方面，并具有监测碰撞和电池泄漏的功能。当检测到危险信号时，系统立即切断高压电源。

温度信号采集模块主要用于采集动力电池的温度，并通过相应的接口上传到高压接触器控制和动力电池均衡模块。再通过控制策略算法，控制各个接触器的动作实现不同的工作模式。

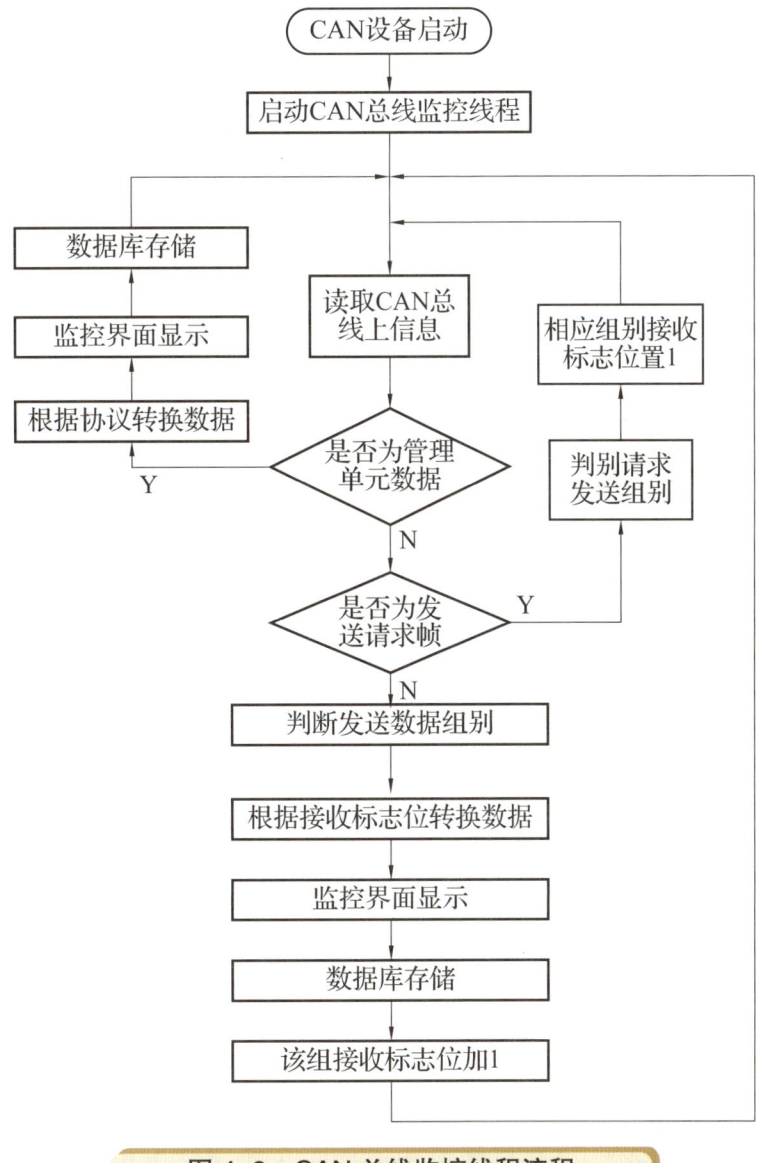

图 4-9 CAN 总线监控线程流程

四、碰撞信号作用

动力电池管理系统应具备碰撞信号检测功能，能够识别整车发出的碰撞信号，这个碰撞信号是安全气囊发出的硬线信号或是来自 CAN 网络的碰撞信号，动力电池管理系统监测到该信号后，将断开高压继电器，切断高压输出。如图 4-10 所示为吉利 EV450 碰撞信号电路图，碰撞传感器信号传给安全气囊控制器 ACU，ACU 确认碰撞信号后，会在 20 ms 内向总线发送"碰撞解锁和断电信号"，碰撞信号以 20 ms 为一个周期，共发送 3 s。BCM 和 BMS 连续收到 3 个以上的信号，就会分别执行解锁和断电功能。

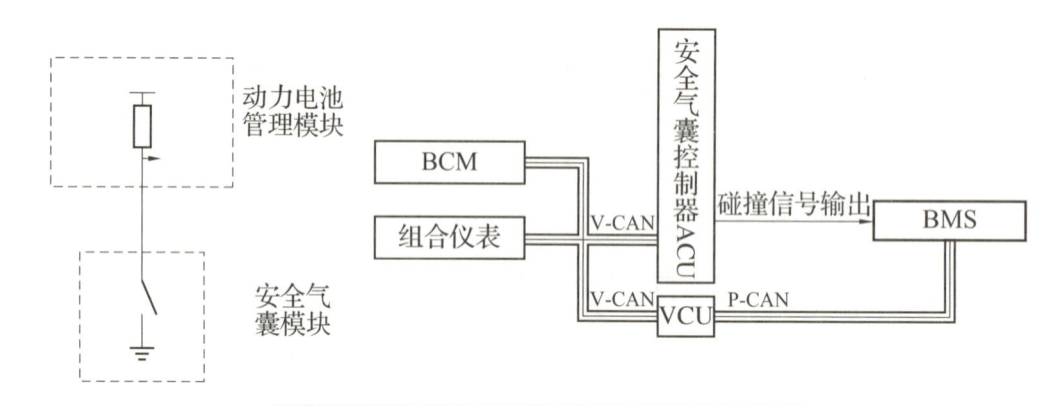

图 4-10 吉利 EV450 碰撞信号电路图

注意：在 EV450 中，BMS 同时监测安全气囊控制器 ACU 输出的硬线碰撞信号与 VCU 的碰撞 CAN 信号，两个信号同时满足时 BMS 判断车辆发生碰撞并切断动力电池高压输出。ACU 输出的碰撞信号（硬线信号）线路故障（断路、对地或电源短路）均不会导致 BMS 控制动力电池断电。

1. CAN 总线通信故障

吉利 EV450 中 BMS 通过动力 CAN 总线与 VCU、OBC 等通信，通过直流快充 CAN 与直流充电桩进行通信。CAN 总线通信故障将导致电动汽车无法上电、无法充电故障。CAN 总线通信故障常见原因如下：

（1）CAN 总线对地、对电源短路或 CAN 总线断路、端子退针、虚接等。在保证 BMS 供电电源正常的状态下，可用万用表检查 CAN 总线线路是否导通，是否对地或对供电电源短路，必要时用示波器检测 CAN_H、CAN_L 信号波形判断 CAN 总线是否正常。

（2）CAN 网络故障。

（3）BMS 控制器自身故障。

2. BMS 控制器不能正常工作

BMS 控制器不工作将导致 CAN 总线无法通信、车辆无法上电、无法充电的故障。BMS 控制器不工作的主要原因如下：

（1）BMS 的低压供电电源不正常。应检查低压电源电压是否有 +12 V 电压，供电线路熔丝是否熔断。

（2）检查 BMS 接插器连接是否牢靠，是否存在接插件退针或虚接等情况。

（3）检查 BMS 的供电线路是否存在断路、对地短路、虚接。

（4）BMS 控制器自身故障，在分布式 BMS 中，也可能是从控模块 CSC 故障。

3. 电压采集异常

BMS 通过 CSC 采集单体电池电压，单体电池电压过高或过低均会触发 BMS 报警，并实施断电、降低电流、限定功率等措施，如表 4-2 所示（以三元锂离子电池为例），BMS 监测到单体电池电压异常时所采取的措施。

单体电池电压采集异常的可能原因如下：

（1）单体电池本身存在欠电压或过电压。可将监控电压值与万用表实际测量的电压值对比，若一致则单体电池故障。

（2）采集线端子紧固螺栓松动或采集线与端子接触不良。螺栓松动或端子接触不良会导致单体电池电压采集不准，此时轻摇采集端子，确认接触不良后，紧固或更换采集线。

（3）若采集电压与实际电压不一致，电压采集从控模块 CSC 故障，集中式 BMS 则为 BMS 控制器故障。

表 4-2　单体电池电压过高或过低警报及措施

序号	名称	电池工作状态	警报	措施
1	动力电池电压	放电状态	单体电池电压过低严重报警 <3 V	1）大功率设备（主电机、空调压缩机和PTC）停止放电。 2）延迟一定时间切断主接触器，断开负极接触器。 3）仪表灯亮。 4）仪表显示报警信息
2	动力电池电压	放电状态	单体电池电压过低一般报警 3~3.4 V	1）大功率设备（电机、空调压缩机和PTC）降低。 2）仪表显示报警信息。 3）电压低于一定值时，SOC 修正为 0
3	动力电池电压	充电状态	单体电池电压过高一般报警 4.1~4.25 V	1）禁止动力电池进行充电。 2）仪表显示报警信息。 3）电压达到一定值时，SOC 修正为 100。 4）电机能量回馈禁止
4	动力电池电压	充电状态	单体电池电压过高严重报警 >4.25 V	1）延迟一定时间，断开充电接触器，断开负极接触器，禁止充电。 2）仪表灯亮。 3）仪表显示报警信息

4. 温度采集异常

BMS 通过 CSC 采集动力电池温度，动力电池温度过高会导致无法充电、限定电流、限定功率等，温度过低会导致限流、限定功率充电等，如表 4-3 所示。

表 4-3　动力电池温度过高或过低警报及措施

序号	名称	电池工作状态	警报	措施
1	动力电池温度	充放电状态下	动力电池过热严重报警 >55℃	1）充电设备关断充电，直到清除报警。 2）大功率设备（驱动电机、空调压缩机和 PTC）停止用电。 3）延迟一定时间切断主接触器、负极接触器。 4）仪表灯亮。 5）仪表显示报警信息
2			动力电池过热一般报警 45~55℃	1）充电设备降低当前充电电流。 2）大功率设备（驱动电机、空调压缩机和 PTC）降低当前电流。 3）仪表显示报警信息
3			动力电池低温一般报警 -5~0℃	1）限功率充电。 2）仪表显示报警信息
4			动力电池严重低温报警 -10~-5℃	1）限功率充电。 2）仪表显示报警信息

动力电池温度采集异常的主要原因如下：

（1）温度传感器故障。

（2）温度传感器线路故障。

（3）CSC 从控模块或 BMS 控制器自身故障。

对于动力电池采集温度故障，首先通过诊断仪读取故障码，看 BMS 是否记录了相关电池温度的故障码；其次可通过诊断仪读取动力电池温度状态数据，若动力电池温度异常，则需拆解动力电池组，测量异常的温度传感器阻值是否与标准值一致，如果不一致，判断温度传感器故障，更换温度传感器。若一致，检查温度传感器线路，若线路正常，可判断温度采集 CSC 从控模块故障或 BMS 控制器自身故障。

5. 绝缘故障

发生绝缘故障时，动力电池管理系统 BMS 按漏电等级采取限定功率、下电等相应的措施，如表 4-4 所示。动力电池绝缘故障的主要原因如下：

（1）高压器件漏电。

（2）高压线路或连接器破损。

（3）电池箱进水或电池漏液。

（4）绝缘检测线路故障。

（5）BMS 控制器故障，绝缘误报。

表 4-4　动力电池绝缘故障警报及措施

序号	名称	电池工作状态	警报	触发条件	措施
1	碰撞保护	充放电状态下	碰撞故障	接收碰撞信号	立即断开主接触器、分压接触器
2	动力电池漏电		正常	$R>500\ \Omega/V$	
3			一般漏电报警	$100\ \Omega/V<R$	仪表灯亮，报动力系统故障
4			严重漏电报警	$R \leqslant 1\ 000\ \Omega/V$	行车中： 仪表灯亮，立即断开主接触器、分压接触器。 停车中： 1）禁止上电。 2）仪表灯亮，报动力系统故障。 充电中： 1）断开交流充电接触器、分压接触器。 2）仪表灯亮，报动力系统故障

排除绝缘故障时，需要利用绝缘检测仪分别测量动力电池高压器件与车身之间的绝缘阻值，绝缘阻值应大于 20 MΩ。如果绝缘阻值低于标准值，根据情况进行维修或者更换。也可以采用隔离法诊断此类故障，首先将高压互锁信号线人为短接，保证高压插头断开情况下，动力系统的高压还能正常输出，然后分别断开相关的高压线路和高压器件，用绝缘检测仪或通过读故障码、数据流，看漏电警报是否消除，说明断开的高压线路或高压器件是否存在漏电故障。

6. 总电压检测故障

（1）总电压检测与动力电池母线实际输出电压不一致可能的原因：采集线与端子间松动或脱落，高压接插器松动，维修开关连接不牢靠等。检查总压采集线检测线路，发现连接不可靠，进行紧固或更换。检查高压回路是否存在连接不良、绝缘故障。

（2）BMS 控制器自身故障：对比实际总压与 BMS 监控总压不一致，检测线路正常情况下，BMS 控制器故障。

7. 电流显示异常

动力电池管理系统（BMS）监测动力电池总电流，当动力电池出现过流时，BMS 将采取限流、限定功率、下电、停止充电等措施，如表4-5所示。动力电池管理系统电流显示异常的主要故障原因如下：

（1）电流采集线未正确连接。此时会导致电流正负颠倒，更换即可。

（2）电流采集线连接不可靠。首先确定高压回路有稳定电流，而当监控电流波动较大时，检查分流器两端电流采集线，发现螺栓松动应立即进行紧固。

（3）检测端子表面氧化情况。首先确定高压回路有稳定电流，当监控电流远低于实际电流时，检测端子或螺栓表面是否有氧化层，有则对其表面进行处理。

（4）BMS控制器自身故障。

表4-5　动力电池管理系统过流警报及措施

序号	名称	电池工作状态	警报	措施
1	动力电池	电池放电电流	过流报警	1）要求大功率用电设备（电机、空调压缩机和PTC）降低电流，限功率工作。 2）如果在过流报警发出后，电流依然在过流状态并持续10 s，断开主接触器，禁止放电
2		电池充电电流		电流在过流状态持续10 s，断开充电接触器，禁止充电
3		回馈充电电流		1）要求电机控制器限制回馈充电电流。 2）如果发出过流报警后，电流依然处于过流状态并持续0 s，断开主接触器

五、吉利EV450 BMS充电系统分析

1. 吉利EV450 BMS充电控制策略

吉利EV450的主正继电器、负极继电器、主预充继电器、直流预充继电器、直流充电正极继电器都是由动力电池管理系统BMS来控制的。EV450充电控制策略如图4-11所示。

（1）直流快充。

当直流充电枪连接到整车直流充电口时，直流充电设备通过A+、A-快充唤醒信号唤醒动力电池管理系统（BMS）。BMS通过CC2接入信号与直流充电枪完成握手，BMS根据动力电池可充电功率，通过充电CAN总线与直流充电桩交互，向直流充电桩发送充电电流指令。同时，BMS控制高压配电盒B-BOX中的负极继电器闭合，直流预充继电器闭合，完成预充后控制直流充电正极继电器闭合，直流充电桩向动力电池充电。充电时间：48 min可充电80%。

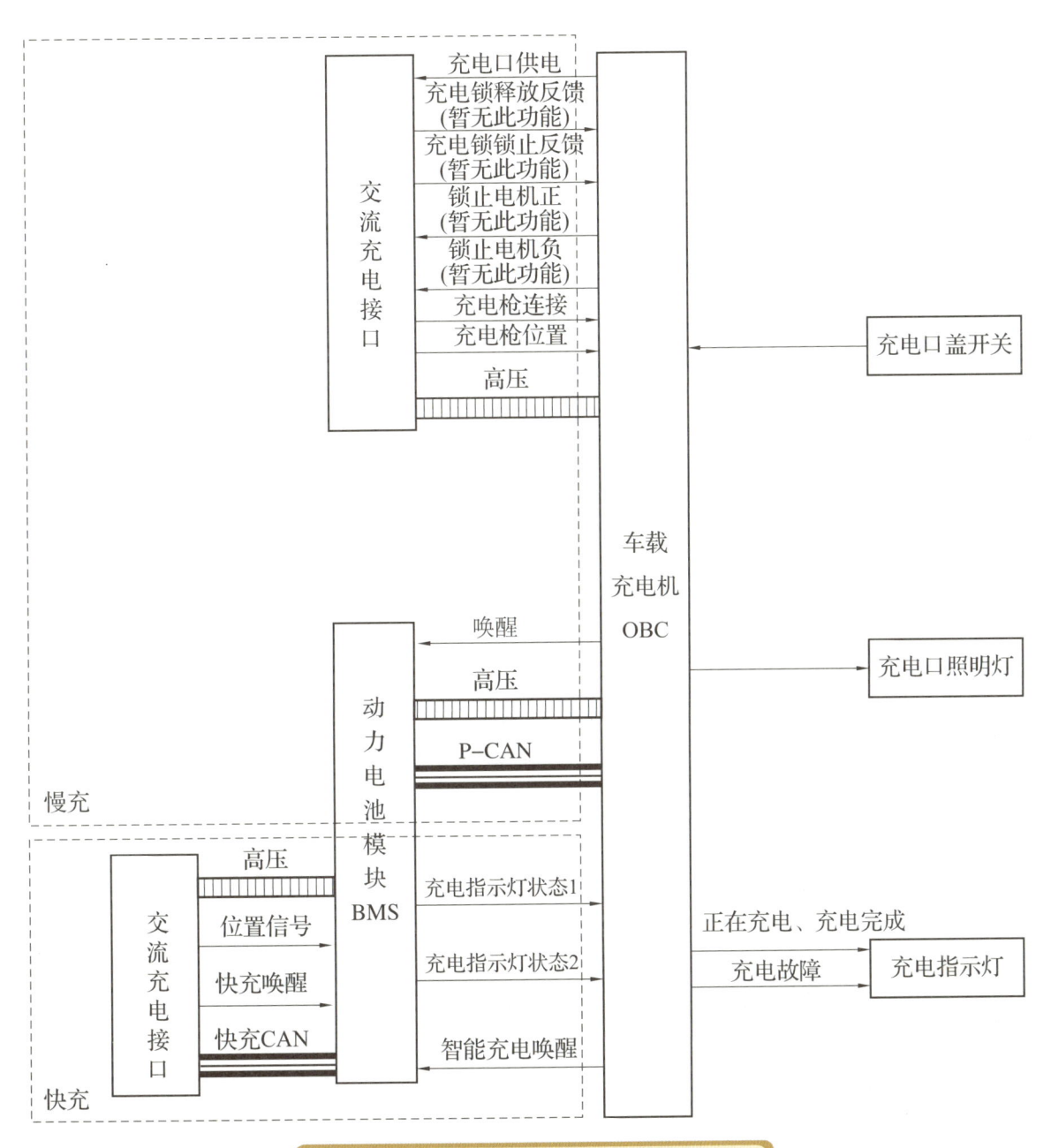

图 4-11 EV450 充电控制策略

（2）交流慢充。

当车辆处于交流慢充模式，交流慢充充电枪插入慢充接口时，交流慢充充电装置通过 CC、CP 与车载充电机（OBC）完成握手，当确定连接正常后，交流慢充供电装置控制继电器闭合，向车载充电机输入 220 V 的交流电。接着车载充电机（OBC）唤醒动力电池管理系统（BMS），并发送指令充电。BMS 闭合负极继电器、主预充继电器，完成预充后，控制主正继电器闭合，车载充电机给动力电池充电。动力电池管理系统监测动力电池状态的变化，控制车载充电机输出电流的大小。当 BMS 监测到动力电池充满或交流慢充供电装置异常时，控制主正继电器、负极继电器断开，同时控制交流供电装置停止输出交流电。

（3）低压充电。

高压上电前，低压电路系统依赖 12 V 铅酸蓄电池供电，当高压上电后，电机控制器（集成 DC/DC）将动力电池的高压直流电转换成低压直流电为 12 V 铅酸蓄电池充电，如图 4-12 所示。

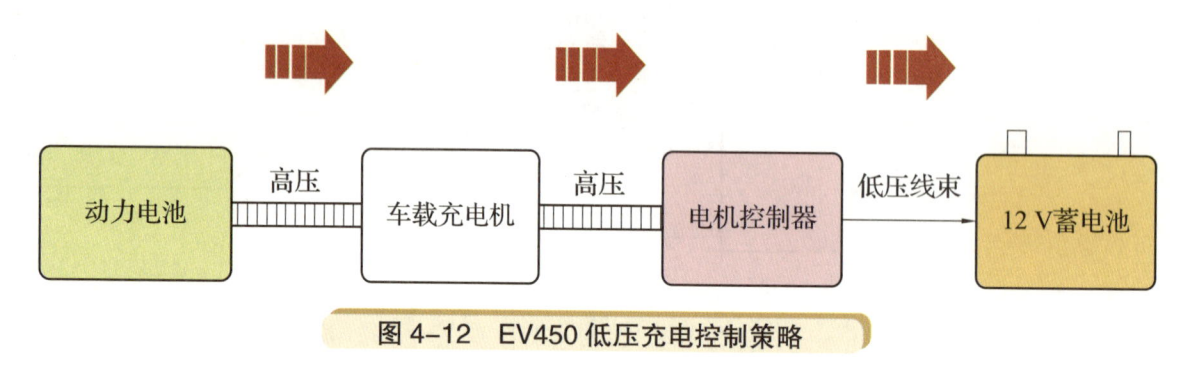

图 4-12　EV450 低压充电控制策略

（4）智能充电。

长期停放的车辆容易造成低压蓄电池亏电，当低压蓄电池严重亏电时，将会导致车辆无法起动上电。为避免这一问题，吉利 EV450 具有智能充电功能。车辆停放过程中 VCU 将持续对电源蓄电池电压进行监控，当电压低于设定值时，VCU 将唤醒 BMS，同时 VCU 也将控制电机控制器（集成 DC/DC）通过 DC/DC 变换器对低压蓄电池进行充电，防止低压蓄电池亏电，如图 4-13 所示。

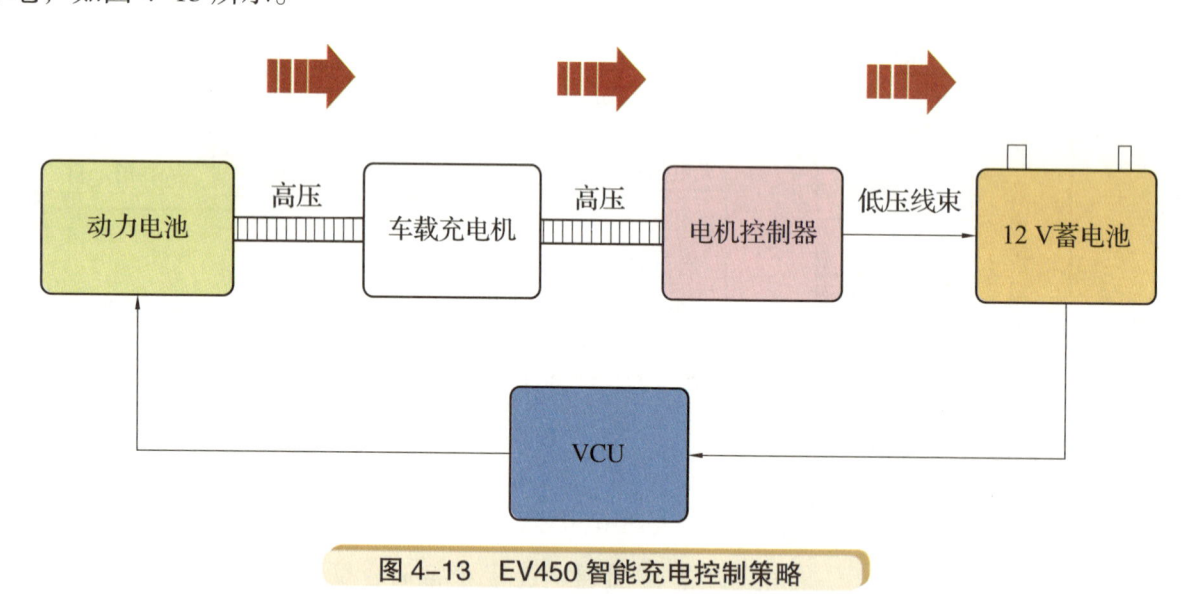

图 4-13　EV450 智能充电控制策略

2. EV450 动力电池管理系统电路分析

吉利 EV450 动力电池管理系统（BMS）采用集中式布局，BMS 控制器集成主控模块（BMU）、从控模块（CSC）、绝缘监测模块、电流监测模块等，与高压配电盒 B-BOX 共同安装在动力电池箱内。BMS 控制器通过两个低压接插器 CA69、CA70 与外部电路连接，如图 4-14、图 4-15 所示。

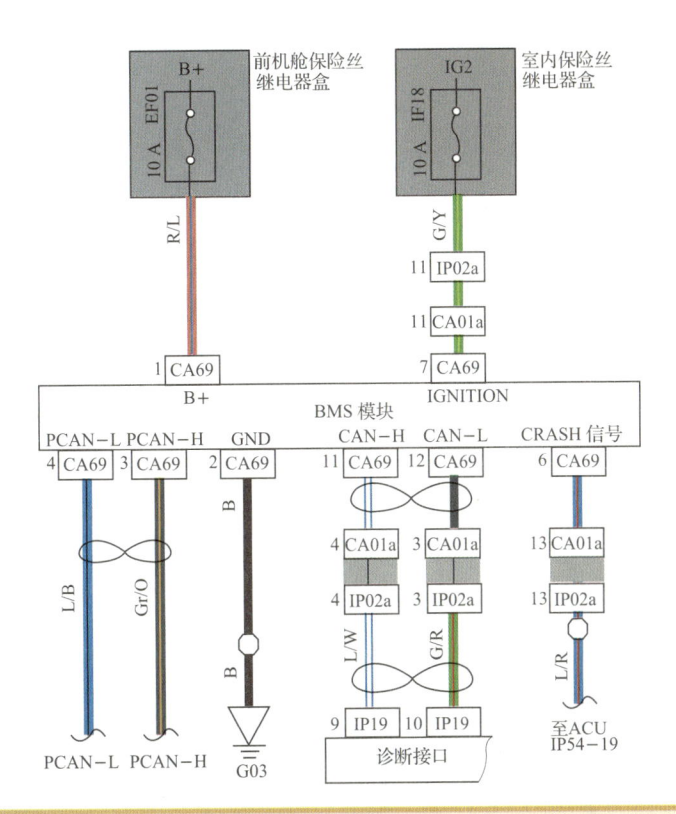

模块四 动力电池 BMS 控制器故障检修

图 4-14 吉利 EV450 动力电池管理系统（BMS）电路图

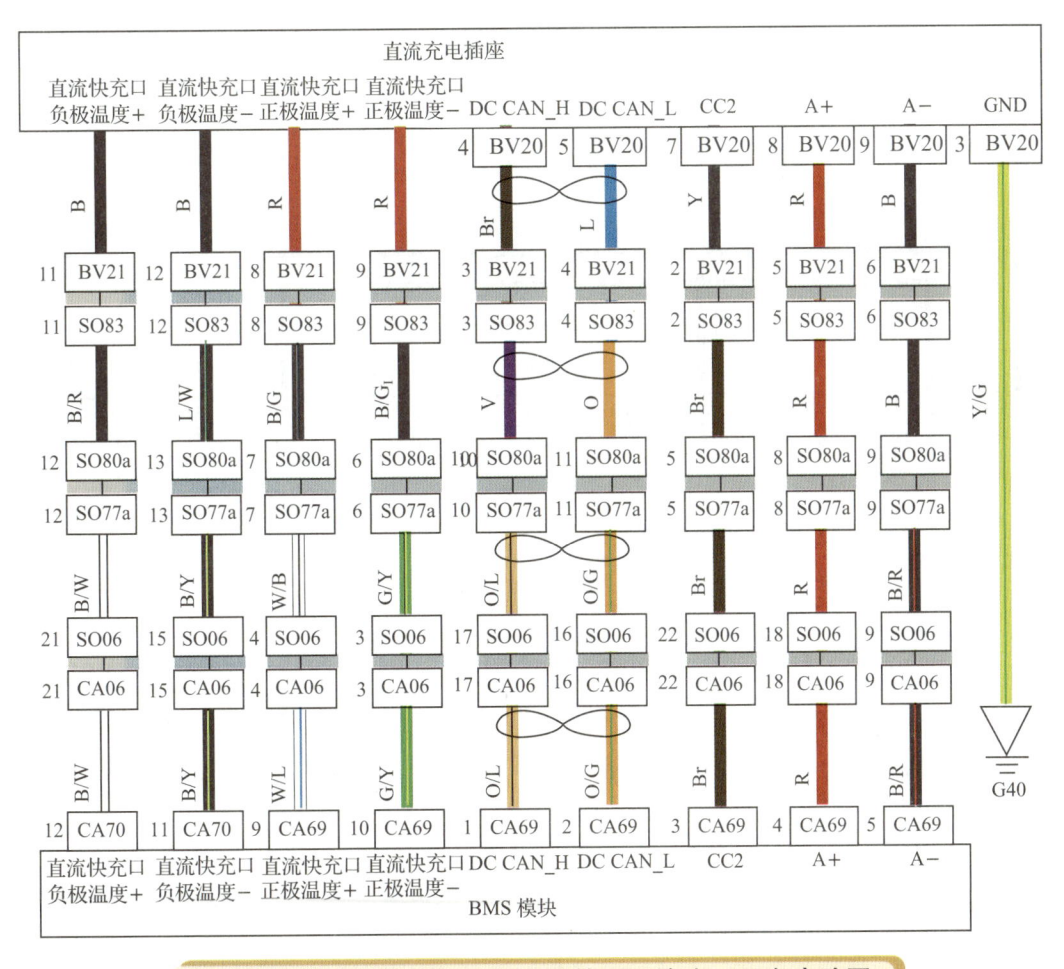

图 4-15 吉利 EV450 动力电池管理系统（BMS）电路图

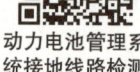

（1）BMS 电源。

从图 4-14 可以看出，BMS 控制器的电源电路有两路。一路由低压蓄电池通过 EF01（10 A）熔丝给 CA69/1 端子供电，此为常电；另一路是 IG2 电源，是 BMS 控制器的唤醒电源。为了节约电能，当动力电池在一定时间内接收不到任何操作信息时，将进入休眠状态，若想唤醒 BMS 控制器，当把点火开关打到 ON 挡或接收到充电唤醒信号时，车身控制器 BCM 控制前机舱熔丝继电器盒中的 IG2 继电器闭合，通过 IF18（10 A）熔丝给 CA69/7 端子供电，唤醒 BMS 控制器。常电与唤醒电源均通过 CA69/2 端子接地形成回路。

（2）CAN 总线。

BMS 连接有三路 CAN 总线，分别是动力 CAN 总线、快充 CAN 总线和诊断接口通信 CAN 总线。BMS 通过 CA69/3（CAN_H）、CA69/4（CAN_L）与 VCU、电机控制器（PEU）、车载充电机（OBC）、减速器（TCU）等组成动力 CAN 网络，动力 CAN 网络的传输速度为 500 Kbit/s，120 Ω 终端电阻分别在 BMS 和 PEU 控制器内，如图 4-16 所示。

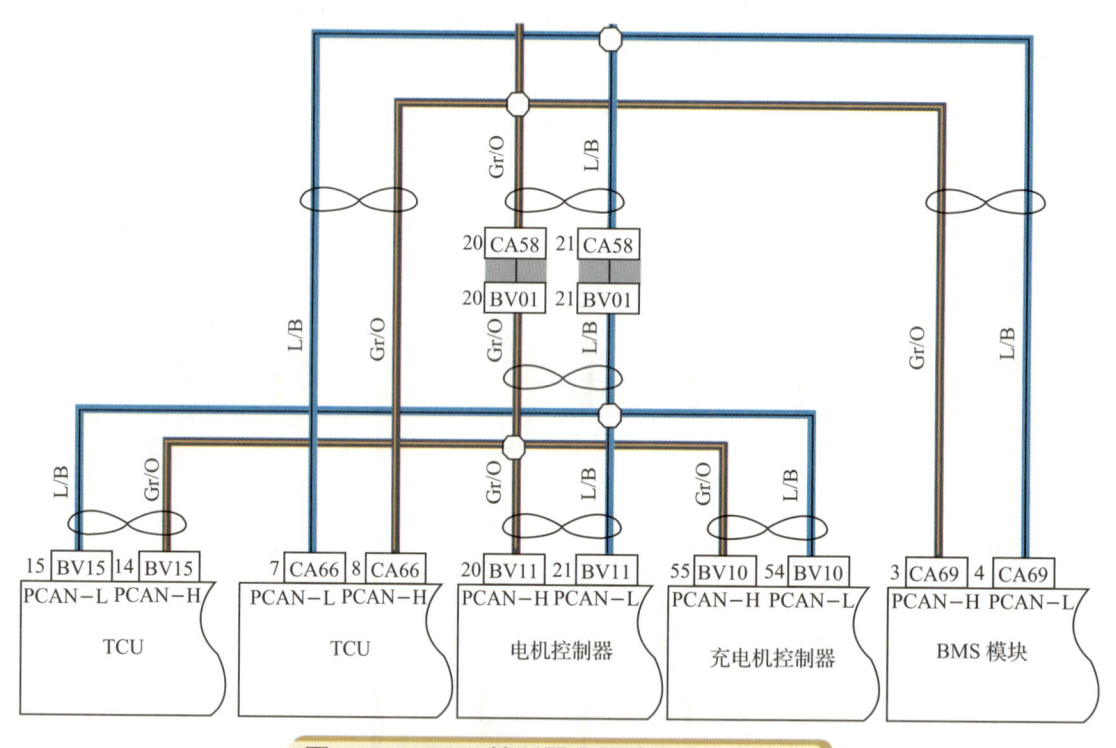

图 4-16　BMS 控制器连接动力 CAN 网络

BMS 通过 CA70/1（CAN_H）、CA70/2（CAN_L）分别与直流充电插座 BV20/4、BV20/5 连接构成快充 CAN 总线网络，直流充电时 BMS 与充电桩通过快充 CAN 总线进行通信。

BMS 通过 CA69/11（CAN_H）、CA69/12（CAN_L）分别与 OBD 诊断接口的 IP19/9、IP19/10 连接，实现 OBD 诊断 CAN 通信，该通信线路故障时，故障诊断仪与 BMS 控制器无法通信。

（3）碰撞信号线。

BMS 通过 CA69/6 与安全气囊 ACU 的 IP54/19 相连，监测车辆发生碰撞时，安全气囊

ACU 传送过来的硬线碰撞信号（PWM 信号）。

（4）直流快充唤醒电源信号。

BMS 通过 CA70/4（A+）、CA70/5（A-）分别与直流充电插座 BV20/8、BV20/9 连接，直流充电枪插入直流充电插座时，给 BMS 提供 12 V 的工作电压，唤醒 BMS 控制器。

（5）CC2 直流快充连接确认信号线。

BMS 通过 CA70/3 与直流充电插座 BV20/7 相连，BMS 控制器通过该信号监测直流充电枪是否连接到车辆直流充电插座上。

（6）直流快充口温度传感器信号。

直流充电插座上有两个温度传感器，分别是直流充电口正极温度传感器和负极温度传感器，用于监测直流快充时，充电器正、负极的温度。正极温度传感器由 BMS 的 CA69/9、CA69/10 与直流充电插座 BV21/8、BV21/9 相连。负极温度传感器由 BMS 的 CA70/11、CA70/12 与直流充电插座 BV21/12、BV21/11 相连。

3. EV450 动力电池管理系统控制器故障诊断一般流程

动力电池管理系统（BMS）控制器故障可能会导致无法上电、无法充电之类的故障，BMS 控制器故障诊断应当在熟知 BMS 组成、控制策略和电路图的基础上，按正确规范的诊断流程进行，避免人为主观臆断导致的误判，提高故障诊断的准确性和效率。BMS 控制器故障诊断的一般流程如表 4-6 所示。

动力电池管理系统电源故障检修

表 4-6 BMS 控制器故障诊断的一般流程

步骤	操作	结果
1	观察仪表有无故障信息，验证故障现象	能正常读取，转入步骤 3
		无法读取，转入步骤 4
2	连接故障诊断仪，读取故障代码	无故障码，转入步骤 5
3	根据读取的故障码，结合维修手册、电路图维修电路	正常，转入步骤 6
	检查 OBD 诊断接口、CAN 总线通信线路	正常，转入步骤 2
	检查 BMS 电源	执行 BMS 电源线路检查
	检查 BMS 通信	执行 BMS 通信线路检查
	检查 VCU 电源	执行 VCU 电源线路检查
4	检查 VCU 通信	执行 VCU 通信线路检查
	检查 BMS、VCU 等连接器	是否存在退针、锈蚀、虚接
5	结合维修手册、电路图对高压互锁线路进行检测	
	结合维修手册、电路图对高压配电盒继电器进行检测	
	结合维修手册、电路图对高压电器部件绝缘性进行检测	
	结合维修手册、电路图对电压、温度、电流进行检测	
6	故障检验	不正常，转入步骤 2
7	完成故障排除	

实训操作模块

实训一　排除动力电池 BMS 控制器电源故障

实训目标

（1）掌握动力电池管理系统工作原理。
（2）掌握动力电池管理系统上、下电控制策略。
（3）能正确认知动力电池管理系统组成与控制策略。
（4）能对动力电池管理系统电源电路进行检修。

实训任务

客户去年购置一辆 EV450 车作为代步工具，今早起动车辆发现车辆不能正常上电，车辆无法正常行驶。开车到 4S 店检查，假如你是一名新能源汽车维修工，如何进行车辆的检测。

任务实施

1. 请进行维修作业前检查及车辆防护，并记录信息	
①维修作业前现场环境检查	
	作业内容： 检查绝缘垫，设立隔离柱，布置警戒线，张贴警示牌。 作业结果： _____ _____
②维修作业前防护用具检查	
	作业内容： 绝缘手套、绝缘鞋、护目镜、安全帽外观及性能检查。 作业结果： _____ _____

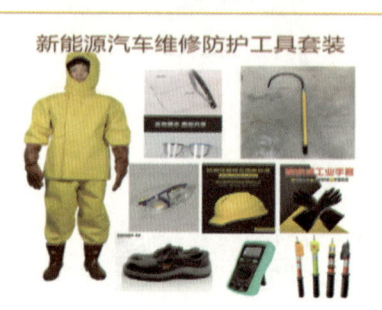

模块四　动力电池 BMS 控制器故障检修

③维修作业前仪表工具检查

	作业内容： 绝缘万用表、绝缘工具箱、放电工装外观及性能检查。 作业结果： _____ _____

④维修作业前实施车辆防护

	作业内容： 铺设翼子板防护垫、汽车维修三件套、脚垫。 作业结果： _____ _____

2. 检查电池电压

	测量蓄电池电压：标准 11~14 V
	蓄电池正极连接：□正常 □异常
	蓄电池负极连接：□正常 □异常

作业结果	□无故障	经检查，蓄电池电压正常，正负极连接处良好
	□有故障	经检查，蓄电池需充电或更换

3. 用故障诊断仪读取故障码

	①连接故障诊断仪，把起动开关置于 ON 挡。 ②读取故障码

作业结果	□无故障码	
	□有故障码	U011287：与 BMS 通信丢失 U110000、U110400

101

4. 检查 BMS 供电电源熔丝 EF01 和 IF18 是否熔断

否，转入步骤 6

5. 检修 BMS 供电电源熔丝 EF01 和 IF18 线路

①检查 BMS 供电电源熔丝 EF01 和 IF18 线路是否有对地短路现象

作业结果	□有	进行线路修理，确认没有线路对地短路故障
	□无	按额定电流值更换熔丝，EF01 10 A、IF18 10 A

②确认 BMS 是否正常工作

作业结果	□正常	系统正常，结束
	□不正常	系统不正常，转入下一步

6. 检查 BMS 控制器线束接插器（端子电压）

①把起动开关置于 OFF 挡，拆下蓄电池负极。
②断开 BMS 控制器线束接插器 CA69。
③连接蓄电池负极，将起动开关置于 ON 挡。
④测量线束接插器 CA69/1、CA69/7 对车身接地电压（标准 11~14 V）。
⑤确认电压是否符合标准

作业结果	□是	电压符合标准
	□否	修理或更换线束

7. 检查 BMS 控制器线束接插器接地端子导通性

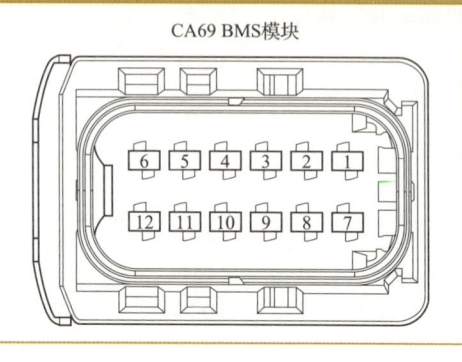

①把起动开关置于 OFF 挡。
②测量线束接插器 CA69/2 与车身接地电阻（标准 <1 Ω）。
③确认电阻是否符合标准

模块四 动力电池 BMS 控制器故障检修

作业结果	□是	电阻符合标准,结束
	□否	修理或更换线束

8. 更换 BMS 控制器

①更换 BMS 控制器。
②将起动开关置于 ON 挡,确认故障是否排除

作业结果	□否	否,继续重复检修,直至测出故障为止
	□是	是,系统正常,结束

9. 请完成整车上电及车辆驾驶操作,以验证故障现象是否解除

①记录整车上电仪表信息数据

	点火钥匙位置: □START □ON □ACC □LOCK	
	READY 指示灯: □熄灭 □点亮	续航里程:_____ km
	挡位情况: □R □N □D □P	动力电池电压值:_____ V
	仪表显示	提示语:_____
		故障灯:_____
	故障现象	

②记录行驶模式下仪表信息数据

	挡位情况	□R □N □D □P
	车辆能否正常起动	□能 □不能
	仪表显示	提示语:_____
		故障灯:_____
	故障现象	

③故障验证结论

结论:

103

实训二 排除动力电池管理系统通信故障

实训目标

（1）掌握动力电池状态检测原理与方法。
（2）掌握动力电池数据测试与分析方法。
（3）能根据检测步骤对通信故障进行检修。

实训任务

客户去年购置一辆EV450车作为代步工具，车辆不能正常上电且无法正常行驶。请根据故障现象对车辆进行诊断。

任务实施

1. 请进行维修作业前检查及车辆防护，并记录信息

①维修作业前现场环境检查

作业内容：
检查绝缘垫，设立隔离柱，布置警戒线，张贴警示牌。

作业结果：

②维修作业前防护用具检查

作业内容：
绝缘手套、绝缘鞋、护目镜、安全帽外观及性能检查。

作业结果：

模块四　动力电池 BMS 控制器故障检修

③维修作业前仪表工具检查

	作业内容： 绝缘万用表、绝缘工具箱、放电工装外观及性能检查。 作业结果： _____ _____

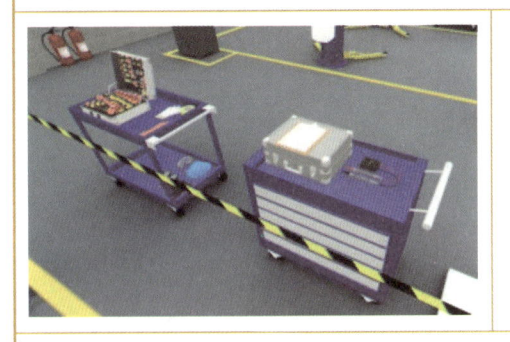

④维修作业前实施车辆防护

	作业内容： 铺设翼子板防护垫、汽车维修三件套、脚垫。 作业结果： _____ _____

2. 检查电池电压

	测量蓄电池电压：标准 11~14 V
	蓄电池正极连接：□正常　□异常
	蓄电池负极连接：□正常　□异常

作业结果	□无故障	经检查，蓄电池电压正常，正负极连接处良好
	□有故障	经检查，蓄电池需充电或更换

3. 用故障诊断仪读取故障码

	①连接故障诊断仪，把起动开关置于 ON 挡。 ②读取故障码

作业结果	□无故障码	
	□有故障码	U011287：与 BMS 通信丢失 U110000、U110400

105

4. 检查 BMS 供电电源熔丝 EF01 和 IF18 是否熔断

(保险丝盒图示,EF01 和 IF18 被圈出)	否,转入步骤 6

5. 检修 BMS 供电电源熔丝 EF01 和 IF18 线路

①检查 BMS 供电电源熔丝 EF01 和 IF18 线路是否有对地短路现象

作业结果	□有	进行线路修理,确认没有线路对地短路故障
	□无	按额定电流值更换熔丝,EF01 10 A、IF18 10 A

②确认 BMS 是否正常工作

作业结果	□正常	系统正常
	□不正常	系统不正常,转入下一步

6. 检查 BMS 控制器线束接插器(端子电压)

CA69 BMS模块 (接插器图示)	①把起动开关置于 OFF 挡,拆下蓄电池负极。 ②断开 BMS 控制器线束接插器 CA69。 ③连接蓄电池负极,将起动开关置于 ON 挡。 ④测量线束接插器 CA69/1、CA69/7 对车身接地电压(标准 11~14 V)。 ⑤确认电压是否符合标准

作业结果	□是	电压符合标准,结束
	□否	修理或更换线束

7. 检查 BMS 控制器线束接插器接地端子导通性

CA69 BMS模块 (接插器图示)	①把起动开关置于 OFF 挡。 ②测量线束接插器 CA69/2 与车身接地电阻(标准 <1 Ω)。 ③确认电阻是否符合标准

作业结果	□是	电阻符合标准,结束
	□否	修理或更换线束

模块四 动力电池 BMS 控制器故障检修

8. 检查 BMS 与 VCU 之间线束接插器的数据通信线

① 把起动开关置于 OFF 挡。
② 将蓄电池负极电缆拆下，等待 90 s。
③ 断开 BMS 控制器线束接插器 CA69。
④ 断开 VCU 线束接插器 CA66。
⑤ 测量 BMS 接插器 CA69/3 与 VCU 接插器 CA66/8 之间电阻（标准 <1 Ω）。
⑥ 测量 BMS 接插器 CA69/4 与 VCU 接插器 CA66/7 之间电阻（标准 <1 Ω）。
⑦ 确认电阻是否符合标准值

作业结果	□否	电阻符合标准，结束
	□是	修理或更换线束

9. 更换 BMS 控制器

① 更换 BMS 控制器。
② 将起动开关置于 ON 挡，确认故障是否排除

作业结果	□否	否，继续重复检修，直至测出故障为止
	□是	是，系统正常，结束

10. 请完成整车上电及车辆驾驶操作，以验证故障现象是否解除

① 记录整车上电仪表信息数据

点火钥匙位置：	□START □ON □ACC □LOCK	
READY 指示灯： □熄灭 □点亮	续航里程：_____ km	
挡位情况： □R □N □D □P	动力电池电压值：_____ V	
仪表显示	提示语：_____	
	故障灯：_____	
故障现象		

② 记录行驶模式下仪表信息数据

挡位情况	□R □N □D □P
车辆能否正常起动	□能 □不能
仪表显示	提示语：_____
	故障灯：_____
故障现象	

③ 故障验证结论

结论：

107

实训三　排除动力电池 BMS 碰撞信号故障

实训目标

（1）能够根据检测步骤对碰撞信号故障进行检修。
（2）能够根据故障现象对整车进行分析。
（3）能够根据故障码和数据流进行故障排查。

实训任务

当踩下一辆 EV450 制动踏板且把点火开关置于 ON 挡时，仪表中安全气囊故障指示灯和故障提醒警告灯亮起，同时 READY 指示灯亮起，车辆上电正常。踩下制动踏板，操纵变速杆，能进入 D 位，松开制动踏板，车辆能正常行驶。请完成车辆故障的诊断。

任务实施

1. 请进行维修作业前检查及车辆防护，并记录信息

①维修作业前现场环境检查

作业内容：
检查绝缘垫，设立隔离柱，布置警戒线，张贴警示牌。

作业结果：
_____
_____

②维修作业前防护用具检查

作业内容：
绝缘手套、绝缘鞋、护目镜、安全帽外观及性能检查。

作业结果：
_____
_____

模块四　动力电池 BMS 控制器故障检修

③维修作业前仪表工具检查

	作业内容： 绝缘万用表、绝缘工具箱、放电工装外观及性能检查。 作业结果： _____ _____

④维修作业前实施车辆防护

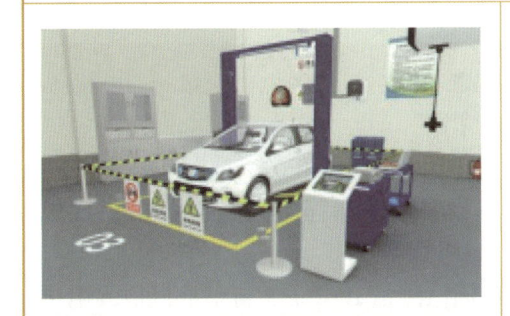

	作业内容： 铺设翼子板防护垫、汽车维修三件套、脚垫。 作业结果： _____ _____

2. 检查电池电压

	测量蓄电池电压：标准 11~14 V
	蓄电池正极连接：□正常 □异常
	蓄电池负极连接：□正常 □异常

作业结果	□无故障	经检查，蓄电池电压正常，正负极连接处良好
	□有故障	蓄电池需充电或更换

3. 用故障诊断仪读取故障码

	①连接故障诊断仪，把起动开关置于 ON 挡。 ②读取故障码

作业结果	□无故障码	
	□有故障码	B10 A1：碰撞输出信号对地短路或开路

4. 查阅电路图

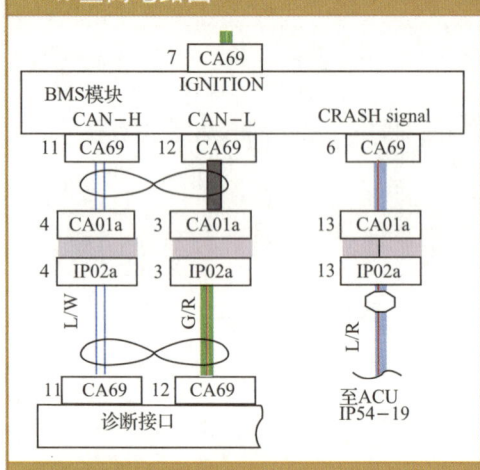

①查阅电路图。
②分析可能故障原因，制定检测步骤。
故障原因：BMS 故障；BMS 与 ACU 连接线路故障；ACU 故障

5. 用示波器检查碰撞信号波形线路

①将起动开关置于 OFF 挡。
②断开 BMS 与 ACU 线束中间接插器 IP02a。
③选择示波器通道 1，设置合适量程（幅值 5 V/div，周期 10 ms）。
④将起动开关置于 ON 挡，测量 IP02a/13 与车身接地间电压信号波形。
⑤判断碰撞信号波形是否正常

作业结果	□正常	正常，转入步骤 10
	□不正常	不正常，转入下一步

6. 检查 ACU 与中间接插器 IP02a 之间线路断路故障

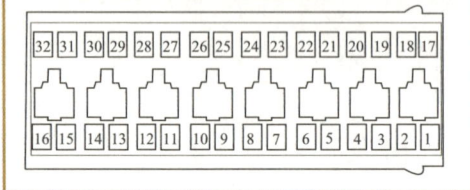

①把起动开关置于 OFF 挡，拆下蓄电池负极。
②断开 ACU 线束接插器 IP54。
③用万用表测量 IP02a/13 与 IP54/19 间电阻（标准 <1 Ω）。
④确认测量值是否符合标准

作业结果	□是	测量值符合标准
	□否	修理或更换线束

7. 检查 ACU 与接插器 IP02a 之间线路对地短路故障

①用万用表测量 IP02a/13 与车身接地电阻（标准∞）。
②确认测量值是否符合标准

作业结果	□是	电阻符合标准，结束
	□否	修理或更换线束

模块四　动力电池 BMS 控制器故障检修

8. 检查 ACU 与接插器 IP02a 之间线路对电源短路故障

①用万用表测量 IP02a/13 与车身接地电压（标准 0 V）。
②确认测量值是否符合标准

作业结果	□是	电压符合标准
	□否	修理或更换线束

9. 检查 BMS 与中间接插器 CA0la 之间线路断路故障

CA01a 前机舱线束接仪表线束插接器

①断开 BMS 线束接插器 CA69。
②用万用表测量 CA6916 与 CA01a/13 间电阻（标准 <1 Ω）。
③确认测量值是否符合标准

作业结果	□是	电阻符合标准
	□否	修理或更换线束

10. 检查 BMS 与接插器 CA0la 之间线路对地短路故障

CA01a 前机舱线束接仪表线束插接器

①用万用表测量 CA0la/13 与车身接地电阻。
②确认测量值是否符合标准

作业结果	□是	电阻符合标准
	□否	修理或更换线束

11. 检查 BMS 与接插器 CA0la 之间线路对电源短路故障

CA01a 前机舱线束接仪表线束插接器

①用万用表测量 CA01a/13 与车身接地电压（标准 0 V）。
②确认测量值是否符合标准

作业结果	□是	电压符合标准
	□否	修理或更换线束

12. 更换 BMS 控制器

①将起动开关置于 OFF 挡。
②断开蓄电池负极，做好绝缘保护。
③拆卸动力电池包，更换动力电池管理系统（BMS）。
④恢复并确认故障是否排除

作业结果	□否	否，继续检修
	□是	是，系统正常，结束

13. 更换 ACU

更换 ACU

作业结果	□否	
	□是	是，系统正常，结束

14. 请完成整车上电及车辆驾驶操作，以验证故障现象是否解除

①记录整车上电仪表信息数据

点火钥匙位置：	□START □ON □ACC □LOCK	
READY 指示灯： □熄灭 □点亮	续航里程：_____km	
挡位情况： □R □N □D □P	动力电池电压值：_____V	
仪表显示	提示语：_____	
	故障灯：_____	
故障现象		

②记录行驶模式下仪表信息数据

挡位情况	□R □N □D □P
车辆能否正常起动	□能 □不能
仪表显示	提示语：_____
	故障灯：_____
故障现象	

③故障验证结论

结论：

模块五 动力电池热管理系统检修

基础知识模块

认识动力电池热管理系统

一、动力电池热管理系统类型

电动汽车动力电池热管理系统基于单体电池温度控制目标来对动力电池温度进行热管理，主要内容包括电池冷却、电池加热、电池保温和控制温度均衡。不同的动力电池热管理系统采取的冷却方式、加热方式、保温措施等不同。常见的动力电池冷却方式有风冷、液冷和直冷；加热方式有电加热膜加热、PTC加热和液热。动力电池热管理系统通常是多种冷却方式和加热方式的组合。现在人们正在研究利用相变材料（Phase Change Material，PCM）来进一步提高动力电池热管理系统性能。PCM是一种能够利用自身的相变潜热吸收或释放热能的材料。采用PCM的热管理系统通过PCM在相变过程的潜热，在电池升温时来吸收电池的热，低温时对电池起到保温作用。PCM可以防止动力电池大电流充放电状态下温度过快升高，减少温度突变，如图5-1所示。

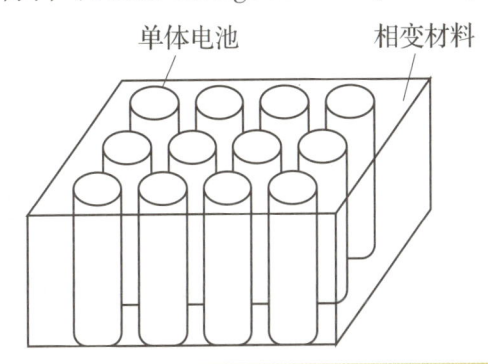

图5-1 利用PCM减小动力电池温度突变

此外，动力电池热管理系统通常不是独立的，是电动汽车整车热管理系统的一部分，为了更高效地对整车进行热管理，需将动力电池热管理、动力系统的冷却、空调制冷系统、空调暖风系统等进行高效融合，协调工作，这使电动汽车热管理系统相对传统车型要复杂很多。

1. 动力电池冷却方式

动力电池的冷却方式主要有风冷、液冷和直冷三种。风冷包括自然风冷和强制风冷两种。风冷是利用自然风或者乘员舱内的制冷风流经动力电池的表面进行对流换热的冷却方式。液冷一般使用独立的冷却液管路来冷却动力电池，当然也可以利用此冷却液管路来加热动力电池。直冷方式相当于给动力电池安装了一台制冷空调机，是直接利用制冷系统的蒸发器（制冷剂）对动力电池进行冷却的方式，该方式不需要液体冷却管路。风冷和液冷过程中冷却工质都没有发生相变，直冷方式中冷却工质是制冷剂，制冷剂发生相变带走了大量热量。

如表 5-1 所示是不同冷却方式换热性能对比，从换热效率上来说，直冷效率是最高的，但综合考虑成本、可控性、与加热系统融合、结构、能耗各方面，目前液冷是电动汽车动力电池主流的冷却方式。国内外主流的电动汽车几乎都采用液冷方式，如吉利几何 A、吉利帝豪 EV450、比亚迪秦 Pro EV450、北汽 EU5、特斯拉、通用 Volt 等。

表 5-1 不同冷却方式换热性能对比

冷却方式	换热方式	换热系数/($W \cdot m^{-2} \cdot K^{-1}$)	表面热流密度/($W \cdot cm^{-2}$)（与环境温差 10℃）
自然风冷	空气自然对流	5~25	0.005~0.025
强制风冷	空气强制对流	25~100	0.025~0.15
液冷	液体强制对流	500~15 000	0.5~1.5
直冷	相变	2 500~25 000	2.5~25

（1）风冷系统。

1）自然风冷。自然风冷是以车外空气作为传热介质的被动散热形式，即汽车行驶过程中，直接让车外空气流过电池箱体内部，通过空气与电池、电池箱体等导热部件之间的对流换热实现对电池的冷却。这种方式的对流传热系数较小，为 5~25W/($m^2 \cdot K$)，虽然结构简单，不消耗额外的能量，成本低，但散热效果有限，仅用于早期容量小、能量密度低的动力电池中，或作为现代动力电池的辅助冷却。

2）强制风冷。强制风冷属于主动冷却，是通过风机将空气引入动力电池箱体内部，空气以一定的流速流过动力电池模组的表面，将电池产生的热量散入环境空气中的冷却方式。强制风冷的空气有两种方式，一种是没有经过车内空调制冷系统降温的自然空气，一种是经过车内空调制冷系统降温的空气。

强制风冷系统风道的布置对冷却效果起着至关重要的作用。风道主要分为串行风道和并行风道。串行结构简单，但阻力大；并行结构散热均匀性好，但较复杂，占用空间多。

(2) 液冷系统。

随着电动汽车对动力电池系统的功率要求越来越高，快充充电电流越来越大，伴随而来的就是对动力电池冷却系统的要求也越来越高。动力电池在大倍率充放电工况下，强制风冷已不能满足散热要求，散热效果更佳、结构等各方面性能较好的液冷方式成为首选。液冷系统是指在动力电池内部建立一套液体冷却管路，利用冷却液在管路中流动带走热量的冷却方式。为了强化液冷的散热效果，通常动力电池液冷系统通过一个叫热交换器（Chiller）的热交换装置与整车空调制冷系统相结合，冷却液从动力电池带走的热量通过热交换器传给整车空调制冷系统，最后通过整车空调制冷系统将这部分热量传递到环境空气中。

动力电池液冷系统的核心部件是压缩机、热交换器和水泵。压缩机作为制冷的动力发起点，决定着整个系统的换热能力。热交换器是液冷系统的一个关键部件，它的作用在于引入空调制冷系统中的制冷剂，在膨胀阀节流后蒸发，吸收动力电池冷却回路中冷却液的热量。此过程制冷剂通过热交换将冷却液的热量带走，热交换器换热量的大小也直接决定着动力电池冷却液的温度，水泵则决定了管路内冷却液的流速，流速越快换热性能就会越好，反之亦然。液冷系统的冷却液分为可直接接触单体电池（硅油、蓖麻油等）和非直接接触单体电池（水和乙二醇混合液）两种，目前采用水和乙二醇混合溶液的比较多。

液冷方案中冷却液流进动力电池模组的内部，将动力电池的热量带走，动力电池模组内部的液冷管路设计形式比较有代表性的车型是通用 Volt 和特斯拉。通用 Volt 采用 288 节 45 A·h 的层叠式锂离子电池，并在单体电池间间隔布置了金属散热片（厚度为 1 mm），散热片上刻有流道槽。冷却液可在流道槽内流动带走热量。在低温环境下，加热线圈可以加热冷却液使电池升温。

如图 5-2 所示，与通用 Volt 的并行流道不同，由于特斯拉 Model S 采用的是圆柱形 18650 锂离子电池，特斯拉采取将冷却板安装于 18650 电池的间隙，形成串行的冷却流道的设计形式。虽然冷却板的设计布置难度较大且蛇形冷板在一定程度上增加了液冷系统的压力损失，但是其冷却效果做得相当好，能实现整个电池包的温差在 ±2℃ 以内。

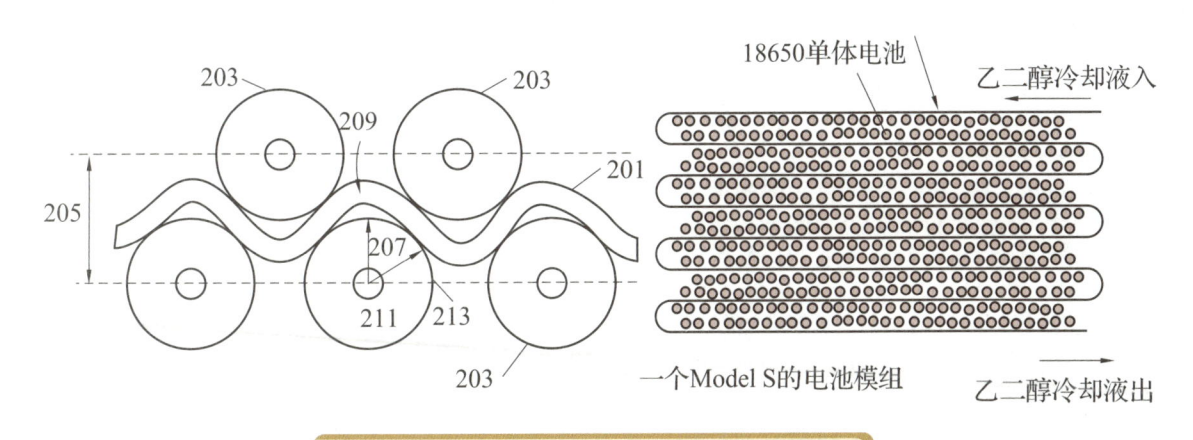

图 5-2 特斯拉动力电池模组液冷系统结构

（3）直冷系统。

直冷系统是利用整车空调制冷系统的制冷剂直接冷却动力电池的，它主要由压缩机、冷凝器、蒸发器和节流装置组成，如图5-3所示。直冷系统中的蒸发器即为动力电池冷板，安装在模组底部并且与模组紧密贴合，制冷剂在冷板（蒸发器）中蒸发直接将动力电池系统产生的热量带走，从而实现更快、更有效的冷却过程。

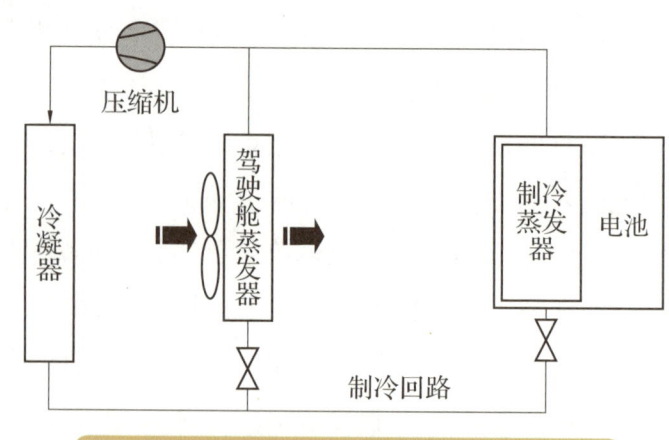

图5-3 直冷系统组成与工作原理

直冷系统的散热效率是液冷系统的3~4倍，它能应对更大倍率的快充问题。但目前直冷系统并未形成广泛的应用。

2. 动力电池加热方式

电动汽车的使用地域非常辽阔，北方地区冬季的环境温度可低至-35℃左右，在如此低温环境下工作，要保证动力电池能正常工作，需要对动力电池进行加热升温。目前常用的动力电池加热方式有三种：电加热膜加热、PTC加热和液热，如图5-4所示。三种动力电池加热方式的特性对比如表5-2所示。

图5-4 三种常见加热方式（左到右：电加热膜加热、PTC加热、液热）

表5-2 三种动力电池加热方式的特性对比

项目	电加热膜加热	PTC加热	液热
加热特点	恒功率加热	恒温加热	对流加热
厚度/mm	0.3~2	5~8	集成在加热器
干烧温度/℃	60~130	60~80	25~40
升温速率/（℃·min^{-1}）	0.15~0.3	0.15~0.3	0.3~0.6
电池温差/℃	≈8	≈10	≤5

（1）电加热膜加热。

电加热膜加热属于电阻加热方式，由金属加热电阻丝、绝缘包覆层、引出导线和接插件组成。电阻丝一般为镍镉合金和铁铬铝合金，绝缘包覆层一般为聚酰亚胺（PI）、硅胶和环氧树脂，这三种材料的包覆层都可以起到绝缘的作用，但又有各自不同的特点。聚酰亚胺电加热膜的厚度可以做到 0.3 mm，且具备耐腐蚀性，但缺点是容易被毛刺刺穿从而导致绝缘失效；硅胶电加热膜不易被毛刺刺穿，硅胶电加热膜的厚度一般在 1.5 mm 以上，且不耐磨也不耐电解液腐蚀；环氧树脂电加热膜不易被毛刺刺穿，耐磨也耐腐蚀，厚度一般也在 1.5 mm 以上，但其硬度高，内应力大。

电加热膜可安装于单体电池侧边、底部或两个单体电池之间，常见的安装方式是安装在两个单体电池之间，如图 5-5 所示。

电加热膜的高压回路由电加热膜、熔丝和继电器串联而成，整个高压回路与电池系统的高压回路并联。此外，为了减少继电器粘连的风险，加热高压回路中使用了两个继电器，如图 5-6 所示。

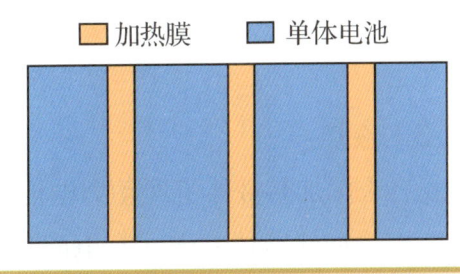

图 5-5　电加热膜安装于单体电池之间

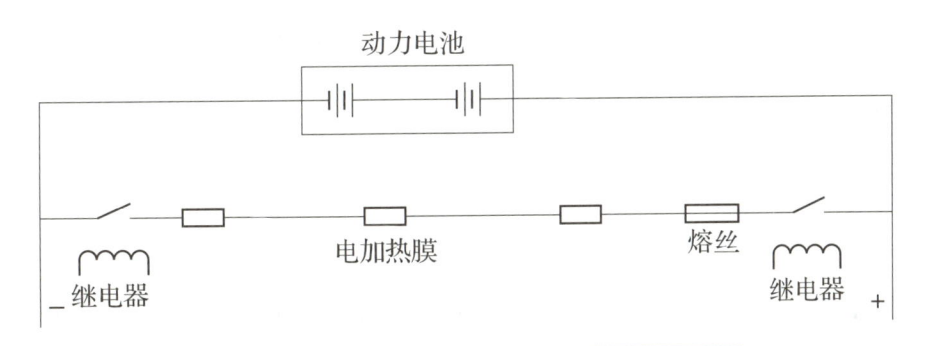

图 5-6　电加热膜高压电气连接回路

（2）PTC 加热。

正温度系数材料（Positive Temperature Coefficient，PTC），其电阻会随温度的升高而增大。当加热器温度升高时，其内阻增大引起加热功率减小，自身温度下降，当加热温度下降时，其内阻减小引起加热功率增大，自身温度升高。PTC 加热器利用材料的这种特性可以达到恒温加热的效果。

PTC 加热器由 PTC 元件、导热金属板和引出导线组成。PTC 元件是 PTC 加热器的发热元件，被绝缘密封于导热金属板内部，通过引出导线串入加热高压回路。导热金属板起导热、均热和提高结构强度的作用，导热金属板的厚度就是 PTC 加热器的厚度，一般情况下 PTC 加热器的厚度在 8 mm 左右，因厚度太大，不适宜安装在单体电池之间，所以 PTC 加热器一般安装在电池模组的底部或侧面。PTC 加热器的电气回路常采取单块 PTC 并联后与继电器串联，并入高压回路的连接方式，如图 5-7 所示。

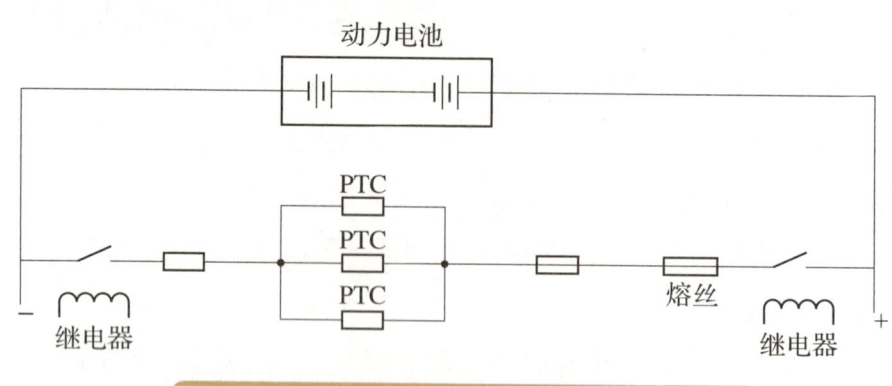

图 5-7　电池模组 PTC 加热器高压电气回路

（3）液热。

液热采用加热液体流经动力电池表面对动力电池进行加热，是主流电动汽车动力电池加热的方式。加热液体的方式有电阻丝和 PTC 两种，目前比较常用的是 PTC 加热。动力电池 PTC 加热器可以采用独立设置或与整车空调制热系统的 PTC 加热器共用的方式。独立设置时，PTC 加热器可以串入或并入液冷系统回路，共用液体回路。

与整车空调制热系统共用 PTC 加热器时，整车空调制热 PTC 加热器常采用换热器方式对液冷回路液体进行加热，不共用液体回路。吉利 EV450 采用的就是换热器方式，吉利 EV450 动力电池加热系统与整车空调制热系统共用 PTC 加热器，空调制热液体回路在热交换器中通过换热器与动力电池加热液体回路完成传热，从而给动力电池加热。整车 PTC 加热器液体回路与动力电池加热液体回路是各自独立的。

液热系统的主要工作参数是流入动力电池的冷却液入口温度和流量。通常冷却液入口温度为 40~60℃，冷却液流量为 10 L/min。

二、吉利 EV450 动力电池热管理系统

EV450 热管理系统控制策略如下：

（1）车辆在交流充电、直流充电、智能充电、行车过程中（包括车速为 0）都可以启动热管理对动力电池加热或冷却。

①当动力电池有冷却需求时，热管理控制器启动压缩机，动力电池回路通过热交换器与空调回路进行换热，利用空调制冷回路给动力电池降温。

②当动力电池有加热需求时（电池最低温度低于 -10℃，且暖风开启），PTC 加热器启动，动力电池回路通过热交换器集成的换热器与 PTC 回路进行换热，利用 PTC 加热回路给动力电池加热。

③当动力电池有加热需求时（电池最低温度高于 -10℃），PTC 不启动，利用电驱回路加热动力电池回路。

（2）动力电池冷却控制策略。当动力电池需要冷却时，BMS 根据单体电池最高温度发送

热管理控制信号，包括"冷却""匀热""关闭"三种模式，如表5-3、表5-4所示。

表5-3　动力电池冷却控制策略

	放电模式	快充模式	慢充模式
冷却开启条件	$T \geq 38℃$	$T \geq 32℃$	$T \geq 38℃$
冷却关闭条件	$T \leq 32℃$	$T \leq 28℃$	$T \leq 32℃$

表5-4　动力电池匀热控制策略（冷却）

	匀热开启条件	匀热关闭条件
冷却关闭后	$T_{avg} \geq 25℃$，冷却液温度与电池最高温差大于等于14℃	电池最高温度在持续10 min之内不变化
加热关闭后	$\Delta T \geq 12℃$，冷却液温度与电池最高温差大于等于14℃	
默认状态	$\Delta T \geq 12℃$，冷却液温度与电池最高温差大于等于14℃	

①动力电池在放电模式与慢充模式，单体电池温度≥38℃，电池冷却系统启动工作；当单体电池温度≤32℃，电池冷却系统停止工作。

②动力电池在快充模式，单体电池温度≥32℃，电池冷却系统启动工作；当单体电池温度≤28℃，电池冷却系统停止工作。

③动力电池冷却启动后，若动力电池平均温度≥25℃，且冷却液温度与电池最高温度差≥14℃，动力电池冷却关闭，电池水泵继续运转，开启匀热模式。若电池最高温度持续10 min不变，匀热模式关闭，重启动力电池冷却系统。

（3）动力电池加热控制策略。当动力电池需要加热时，BMS根据单体电池最低温度发送热管理控制信号，包括"加热""匀热""关闭"三种模式，如表5-5、表5-6所示。

表5-5　动力电池PTC加热控制策略

	放电模式	快充模式	慢充模式
加热开启条件	大多数SOC范围，$T \leq -20℃$	$-20℃ < T \leq 20℃$（电压≤4.148 V）$-20℃ < T \leq 5℃$（电压≥4.148 V）	$-20℃ < T \leq 1℃$
加热关闭条件	大多数SOC范围，$T \geq -18℃$	$T \geq 21℃$（电压≤4.148 V）$T \geq 7℃$（电压≥4.148 V）	$T \geq 20℃$

表5-6　动力电池匀热控制策略（加热）

	匀热开启条件	匀热关闭条件
冷却关闭后	$T_{avg} \geq 25℃$，冷却液温度与电池最高温差大于等于14℃	电池最高温度在持续10 min之内不变化
加热关闭后	$\Delta T \geq 12℃$，冷却液温度与电池最高温差大于等于14℃	
默认状态	$\Delta T \geq 12℃$，冷却液温度与电池最高温差大于等于14℃	

①动力电池在放电模式下，单体电池温度≤-20℃，电池加热系统启动工作；当单体电池温度≥-18℃，电池PTC加热系统停止工作。

②动力电池在快充模式下，单体电池温度-20℃<T≤20℃，电池电压≤4.148 V，电池PTC加热系统启动工作，当单体电池温度≥21℃时，电池PTC加热系统停止工作；单体电池温度-20℃<T≤5℃，电池电压≥4.148 V，电池PTC加热系统启动工作；当单体电池温度≥7℃时，电池PTC加热系统停止工作。

③动力电池在慢充模式下，单体电池温度-20℃<T≤1℃，电池PTC加热系统启动工作；当单体电池温度≥20℃，电池加热系统停止工作。

④动力电池加热启动后，若动力电池温度的变化量≥12℃，冷却液温度与电池最高温度差≥14℃，电池PTC加热关闭，水泵继续运转，开启匀热模式。若电池最高温度持续10 min不变，匀热模式关闭，重启动力电池PTC加热系统。

（4）动力电池温度监测由BMS完成，BMS根据单体电池温度判定动力电池是否启动冷却，并发送冷却请求给VCU，VCU转发BMS上述信号至AC控制器（热管理控制器）。动力电池进行快充及慢充时，VCU直接转发BMS的热管理请求。

（5）行车状态下，VCU接收到BMS发送的加热需求后，需要根据当前电池温度、暖风状态、车速等条件再次进行逻辑判断，从而发送不同热管理请求至A/C空调控制器（热管理控制器）。

（6）车辆处于ON挡非充电状态下时，当单体电池温度超过上限值55℃，车辆不进行动力电池冷却。

一般情况下，压缩机和动力电池水泵（P2）、PTC加热水泵（P1）由A/C空调控制器（热管理控制器）控制，冷却风扇、电动水泵（P3）由VCU控制。但是，当空调面板有给VCU发送压缩机开机请求和功率请求时，风扇做低速运转。当空调面板给VCU发送风扇高速请求时，VCU控制风扇高速运转。

三、动力电池热管理系统PTC加热水泵检修

PTC加热水泵不工作将导致空调制热效果差，以及动力电池低温（低于-10℃）状态时，动力电池温升慢、电池输出功率受限等故障。PTC加热水泵故障码说明如表5-7所示。

表5-7 PTC加热水泵故障码说明

故障码	说明
B11917B	电加热水泵空载
B119197	电加热水泵堵转/过流
B119198	电加热水泵过流关闭
B119121	电加热水泵转速过低
B119113	电加热水泵开路

EV450 的 PTC 加热水泵电路如图 5-8 所示，其检修步骤如表 5-8 所示。

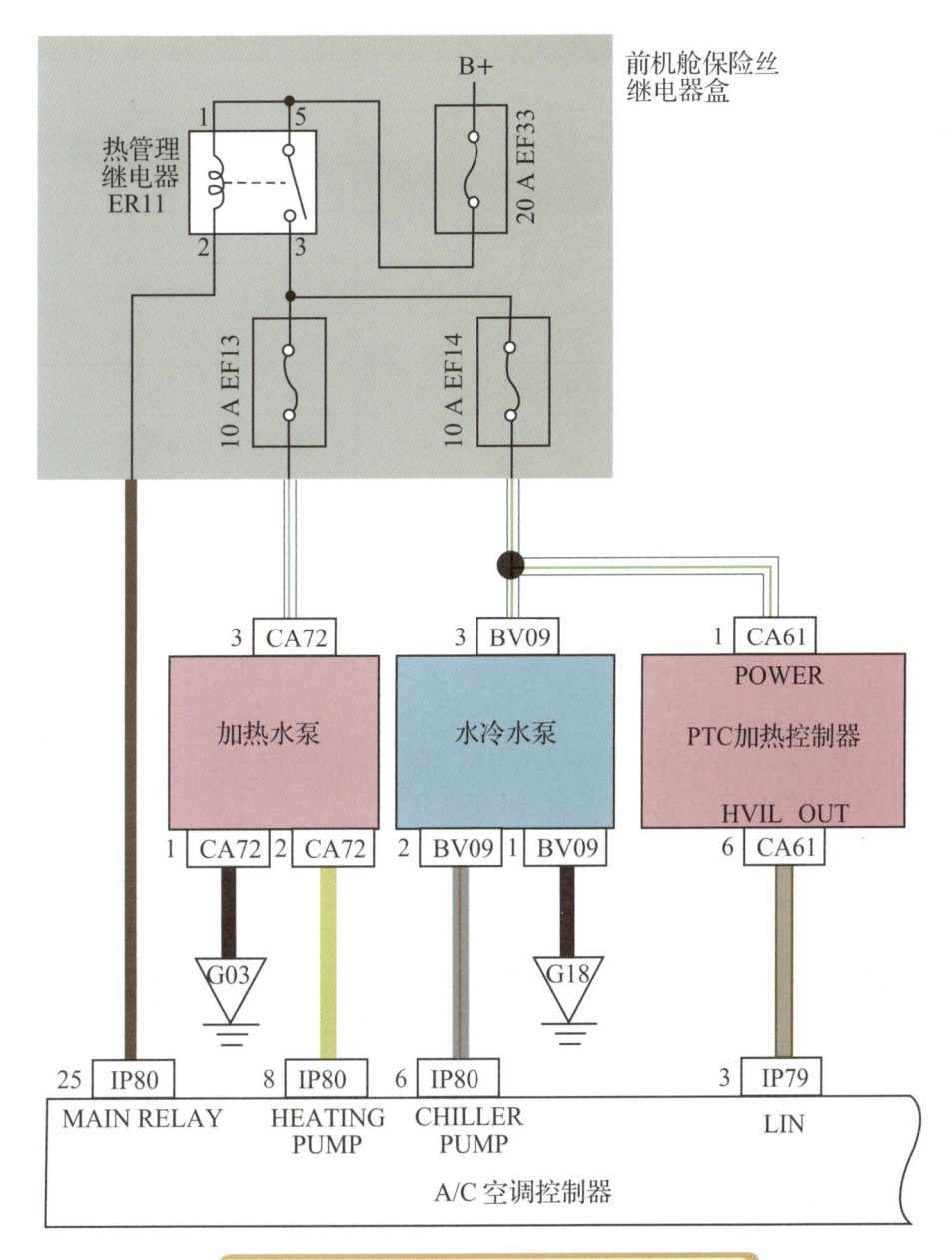

图 5-8　EV450 的 PTC 加热水泵电路

表 5-8　EV450 的 PTC 加热水泵检修步骤

步骤	操作			结果
1	用故障诊断仪读取故障码			
	A	连接故障诊断仪，把起动开关置于 ON 挡		
	B	读取故障码		无，转步骤 2
	C	按故障码排除故障		
2	检查 PTC 加热水泵熔丝 EF13			
	A	把起动开关置于 OFF 挡		
	B	拔下熔丝 EF13，检查是否熔断（10 A）		否，转步骤 4

续表

步骤	操作		结果
3	检修熔丝 EF13 线路		
	A	检修熔丝 EF13 线路是否有短路故障	是，检修线路，排除短路故障
	B	更换熔丝 EF13	
	C	确认 PTC 加热水泵是否正常工作	是，结束
4	检查 PTC 加热水泵电源线路		
	A	把起动开关置于 OFF 挡	
	B	断开蓄电池负极，等待 90 s 以上	
	C	断开 PTC 加热水泵线束接插器 CA72	CA72 加热水泵线束接插器
	D	测量熔丝 EF13 的 2 号端子与 PTC 加热水泵接插器 CA72/3 电阻（标准：小于 1 Ω）	
	E	确认电阻是否符合标准	否，更换或维修线束或接插器
5	检查 PTC 加热水泵与 A/C 空调控制器之间的线束		
	A	断开 A/C 空调控制器线束接插器 IP86a	
	B	测量 CA72/2 与 IP86a/8 之间的电阻（标准：小于 1 Ω）	
	C	确认电阻是否符合标准	否，更换或维修线束或接插器
6	检查 PTC 加热水泵接地线路		
	A	测量 CA72/1 与车身接地的电阻（标准：小于 1 Ω）	
	B	确认电阻是否符合标准	否，更换或维修线束或接插器
7	更换 PTC 加热水泵		
	A	把起动开关置于 OFF 挡	
	B	断开蓄电池负极，等待 90 s 以上	
	C	更换 PTC 加热水泵	
	D	确认故障是否排除	是，系统正常

续表

步骤	操作		结果
8	更换 A/C 空调控制器		结束
	A	把起动开关置于 OFF 挡	
	B	断开蓄电池负极，等待 90 s 以上	
	C	更换 A/C 空调控制器	
	D	确认故障是否排除	是，系统正常

1）完成学生工作页背景知识。

①标出 PTC 加热回路各部件的名称并在实车中找出。

②查阅电路图，画出 PTC 加热水泵电路简图。

2）作业前准备（场地布置、防护装备检查穿戴、仪器设备检查、汽车防护三件套安装）。

3）记录车辆信息。

4）确认故障现象，读取故障码和数据流，分析故障范围。

5）制定故障检测步骤。

6）实施故障检测与排除。

7）活动总结评价。

四、动力电池热管理系统三通电磁阀检修

EV450 整车热管理系统中有 3 个三通电磁阀控制冷却液的流向。三通电磁阀由 A/C 空调控制器通过 LIN 线控制。以三通电磁阀 WV1 为例，控制 PTC 加热冷却液流向空调加热器或热交换器，电磁阀故障将导致冷却液回路不能切换，不能切换到热交换器，动力电池就不能得到有效加热，影响动力电池的性能和充电效率。三通电磁阀故障码说明如表 5-9 所示。

表 5-9 三通电磁阀故障码说明

故障码	说明
B119501	水阀 1 故障
B119601	水阀 2 故障
B119701	水阀 3 故障

EV450 三通电磁阀电路如图 5-9 所示，B119501（三通电磁阀 WV1）故障检修步骤如表 5-10 所示。

图 5-9　EV450 三通电磁阀电路

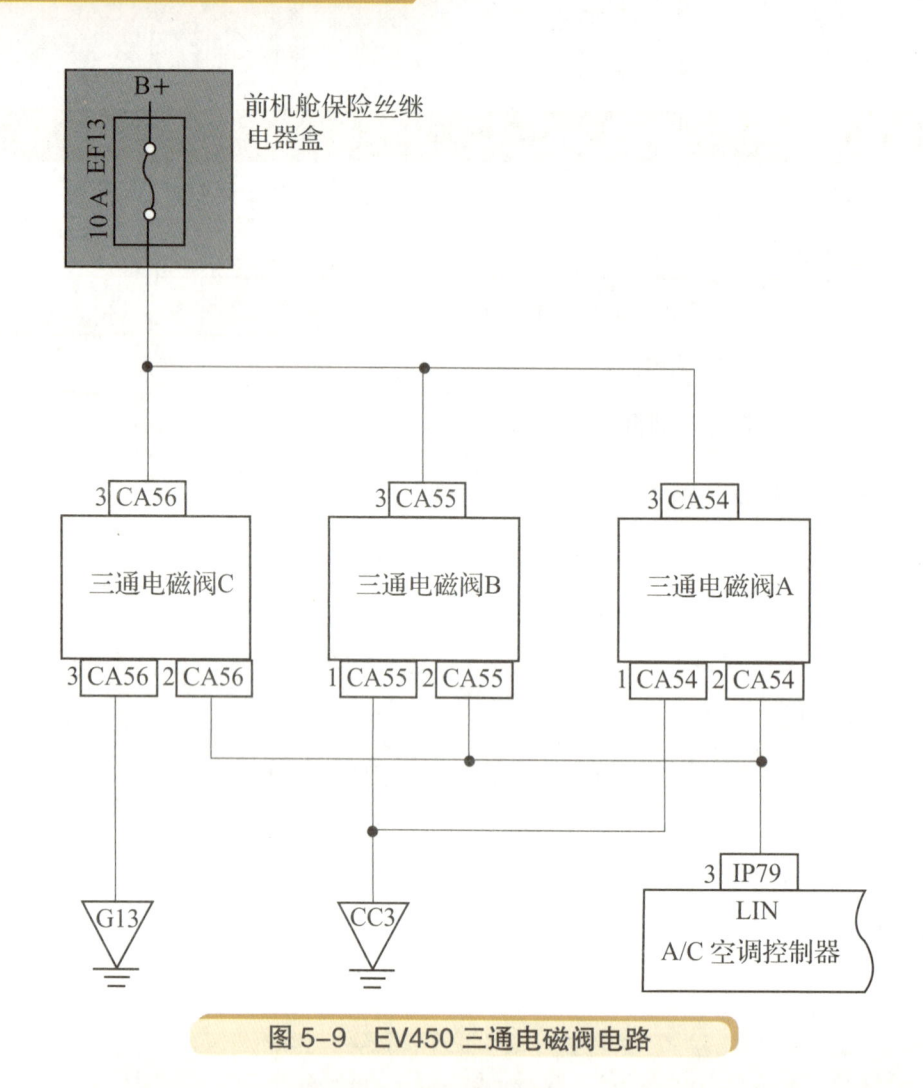

表 5-10　B119501（三通电磁阀 WV1）故障检修步骤

步骤		操作	结果
1		用故障诊断仪读取故障码	
	A	连接故障诊断仪，把起动开关置于 ON 挡	
	B	读取故障码	
	C	确认是否存在故障码	否，检查通信是否正常
2		检查三通电磁阀 WV1 熔丝 EF13	
	A	把起动开关置于 OFF 挡	
	B	拔下熔丝 EF13，检查是否熔断（10 A）	否，转步骤 4
3		检修熔丝 EF13 线路	
	A	检修熔丝 EF13 线路是否有短路故障	是，检修线路，排除短路故障
	B	更换熔丝 EF13	
	C	确认三通电磁阀 WV1 是否正常工作	是，结束

续表

步骤		操作	结果
4		检查三通电磁阀 WV1 电源线路	
	A	把起动开关置于 OFF 挡	
	B	断开蓄电池负极，等待 90 s 以上	
	C	断开三通电磁阀 WV1 线束接插器 CA54	CA54 三通电磁阀线束接插器
	D	测量熔丝 EF13 的 2 号端子与三通电磁阀 WV1 接插器 CA54/3 之间的电阻（标准：小于 1 Ω）	
	E	确认电阻是否符合标准	否，更换或维修线束或接插器
5		检查三通电磁阀 WV1 与 A/C 控制器之间的线束	
	A	断开 A/C 空调控制器线束接插器 IP85	IP85 A/C 空调控制器线束接插器
	B	测量 CA54/2 与 IP85/13 之间的电阻（标准：小于 1 Ω）	
	C	确认电阻是否符合标准	否，更换或维修线束或接插器
6		检查三通电磁阀 WV1 接地线路	
	A	测量 CA54/1 与车身接地的电阻（标准：小于 1 Ω）	CA54 三通电磁阀线束接插器
	B	确认电阻是否符合标准	否，更换或维修线束或接插器

续表

步骤	操作		结果
7	更换三通电磁阀 WV1		
	A	把起动开关置于 OFF 挡	
	B	断开蓄电池负极，等待 90 s 以上	
	C	更换三通电磁阀 WV1	
	D	确认故障是否排除	是，系统正常
8	更换 A/C 空调控制器		
	A	把起动开关置于 OFF 挡	
	B	断开蓄电池负极，等待 90 s 以上	
	C	更换 A/C 空调控制器	
	D	确认故障是否排除	是，系统正常

1）完成学生工作页背景知识。

①查阅电路图，画出三通电磁阀电路简图。

②用故障诊断仪读取三通电磁阀不同状态下数据流并记录。

2）作业前准备（场地布置、防护装备检查穿戴、仪器设备检查、汽车防护三件套安装）。

3）记录车辆信息。

4）确认故障现象，读取故障码和数据流，分析故障范围。

5）制定故障检测步骤。

6）实施故障检测与排除。

7）活动总结评价。

五、冷却风扇低速挡不运转的故障检修

EV450 电驱动系统散热器与空调制冷系统冷凝器依靠两个冷却风扇强制散热。两个风扇分别由 VCU 通过一个低速挡继电器和一个高速挡继电器进行高低速控制，若冷却风扇不运转将导致电机、充电机温度过高、制冷压力偏高、制冷效果变差等故障。下面以冷却风扇低速挡不运转故障为例进行检修，高速挡不运转故障检修方法与其类似。

EV450 冷却风扇电路如图 5-10 所示，其故障检修步骤如表 5-11 所示。

模块五　动力电池热管理系统检修

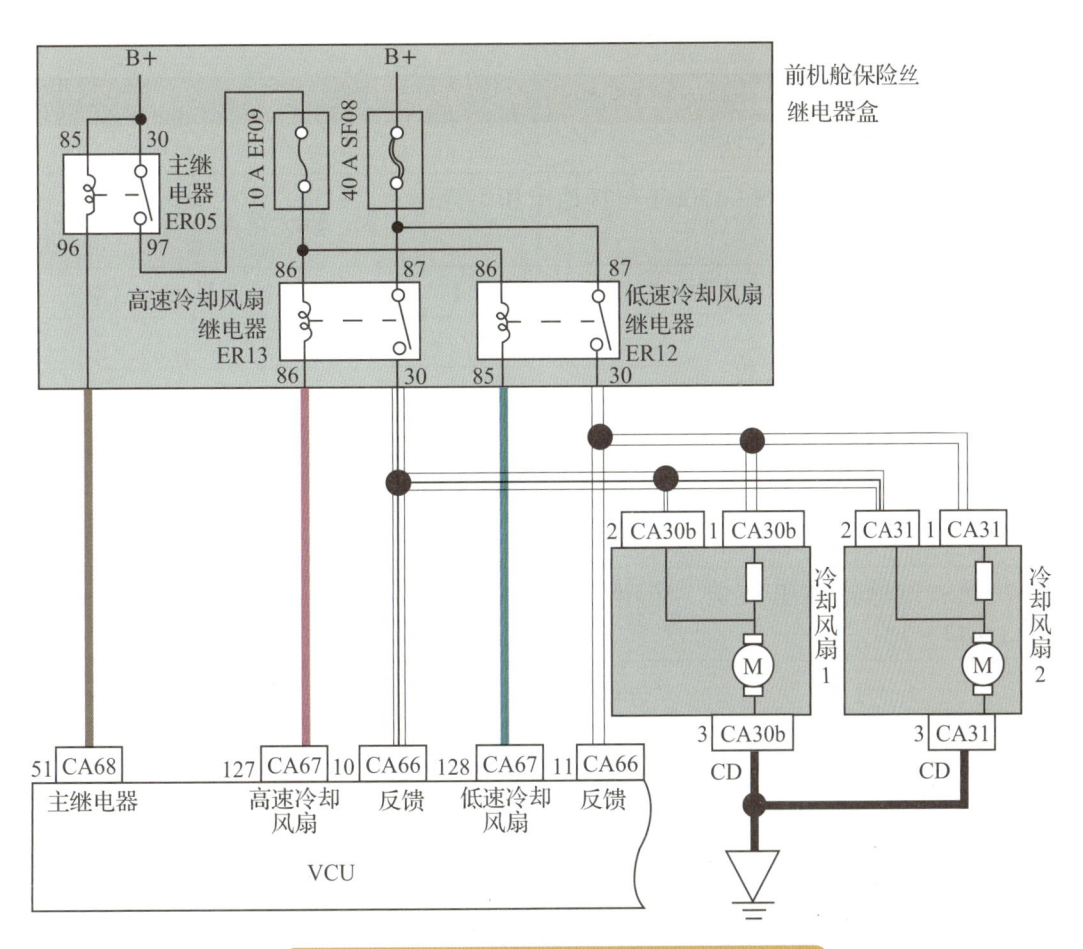

图 5-10　EV450 冷却风扇电路

表 5-11　冷却风扇故障检修步骤

步骤	操作		结果
1	查阅冷却风扇控制电路图		
2	检查整车控制器 VCU 熔丝 EF09、SF08		
	A	把起动开关置于 OFF 挡	
	B	拔下熔丝 EF09，检查是否熔断（额定 10 A）	是，检修熔丝线路，更换熔丝
	C	拔下熔丝 SF08，检查是否熔断（额定 40 A）	是，检修熔丝线路，更换熔丝
3	检查冷却风扇电源与接地间电压		
	A	把起动开关置于 OFF 挡	
	B	断开主冷却风扇线束接插器 CA30E	
	C	断开主冷却风扇线束接插器 CA31	

续表

步骤		操作	结果
3	D	把起动开关置于 ON 挡	
	E	用万用表电压挡测 CA30b/1 与接地电压（标准：11~14 V）	否，转步骤 4
	F	测量 CA30b/3 与接地电阻（标准：小于 1 Ω）	否，更换接地线束，结束
	G	更换冷却风扇	结束
4		检查冷却风扇低速继电器 ER12	
	A	把起动开关置于 OFF 挡	
	B	拔下冷却风扇低速继电器	
	C	把起动开关置于 ON 挡	
	D	检查继电器插座 85 脚、86 脚电压（标准：11~14 V）	是，更换继电器，结束
	E	检测继电器插座 86 脚与 VCU 接插器 CA67/128 电阻（标准：小 1 Ω）	否，修理或更换线束，结束
5		检查主继电器 ER05	
	A	把起动开关置于 OFF 挡	
	B	拔下主继电器 ER05	
	C	检查主继电器插座 85 脚、86 脚电压（标准：11~14 V）	是，更换继电器，结束
	D	检测主继电器插座 86 脚与 VCU 接插器 CA66/51 电阻（标准：小于 1 Ω）	否，修理或更换线束，结束
	E	更换 VCU	结束

1）完成学生工作页背景知识。

①查阅电路图，画出冷却风扇电路简图。

②用故障诊断仪读取冷却风扇数据流并记录。

2）作业前准备（场地布置、防护装备检查穿戴、仪器设备检查、汽车防护三件套安装）。

3）记录车辆信息。

4）确认故障现象，读取故障码和数据流，分析故障范围。

5）制定故障检测步骤。

6）实施故障检测与排除。

7）活动总结评价。

模块五 动力电池热管理系统检修

>>> 实训操作模块

实训一 检修动力电池热管理系统 PTC 加热水泵

实训目标

（1）掌握动力电池热管理系统 PTC 加热水泵检修。
（2）完成动力电池热管理系统 PTC 加热水泵检修。
（3）能够正确画出 PTC 加热水泵电路图。

实训任务

一辆 2018 款吉利帝豪 EV450 电动汽车出现空调制热效果差，以及动力电池低温（低于 -10℃）状态时，动力电池温升慢、电池输出功率受限等故障。请根据车辆状态进行检修。

任务实施

1. 请进行维修作业前检查及车辆防护，并记录信息

①维修作业前现场环境检查

作业内容：
检查绝缘垫，设立隔离柱，布置警戒线，张贴警示牌。

作业结果：
_____
_____

②维修作业前防护用具检查

作业内容：
绝缘手套、绝缘鞋、护目镜、安全帽外观及性能检查。

作业结果：
_____
_____

129

③维修作业前仪表工具检查

作业内容：
绝缘万用表、绝缘工具箱、放电工装外观及性能检查。

作业结果：
_____
_____

④维修作业前实施车辆防护

作业内容：
铺设翼子板防护垫、汽车维修三件套、脚垫。

作业结果：
_____
_____

2. 检查蓄电池，并记录数据

测量蓄电池电压：

蓄电池正极连接：□正常 □异常

蓄电池负极连接：□正常 □异常

作业结果	□无故障	经检查，蓄电池电压正常，正负极连接处良好
	□有故障	经检查，_____存在_____现象，需维修恢复

3. 检查 PTC 加热水泵熔丝 EF13，并记录数据

外观：□正常 □破损 □脏污

是否熔断（10 A）：□正常 □异常

作业结果	□无故障	经检查，熔丝良好，无故障现象
	□有故障	经检查，_____存在_____现象，需维修恢复

模块五　动力电池热管理系统检修

4. 检修熔丝 EF13 线路，并记录数据

	外观：□正常 □破损 □脏污	
	线路连接：□正常 □异常	
作业结果	□无故障	经检查，线路良好，无故障现象
	□有故障	经检查，_____存在_____现象，需维修恢复

5. 检查 PTC 加热水泵电源线路，并记录数据

	外观：□正常 □破损 □脏污	
	线路连接：□正常 □异常	
作业结果	□无故障	**经检查，电源线路正常，无故障现象**
	□有故障	经检查，_____存在_____现象，需维修恢复

6. 检查 PTC 电加热水泵与 A/C 空调控制器之间的线束，并记录数据

	外观：□正常 □退针 □破损 □脏污	
	线路连接：□正常 □异常	
作业结果	□无故障	**经检查，线路工作正常，无故障现象**
	□有故障	经检查，_____存在_____现象，需维修恢复

7. 检查 PTC 加热水泵接地线路

	外观：□正常 □破损 □脏污	
	接地线路连接：□正常 □异常	
作业结果	□无故障	**经检查，接地线路工作正常，无故障现象**
	□有故障	经检查，_____存在_____现象，需维修恢复

8. 检查 PTC 加热水泵和 A/C 空调控制器，并记录数据

	外观：	□正常 □破损 □脏污
	PTC 加热水泵：	□正常 □异常
	A/C 空调控制器：	□正常 □异常

作业结果	□无故障	经检查，PTC 加热水泵和 A/C 空调控制器工作正常，无故障现象
	□有故障	经检查，_____存在_____现象，需维修恢复

9. 请完成整车上电及车辆驾驶操作，以验证故障现象是否解除

① 记录整车上电仪表信息数据

	点火钥匙位置：	□START □ON □ACC □LOCK	
	READY 指示灯： □熄灭 □点亮	续航里程：_____km	
	挡位情况： □R □N □D □P	动力电池电压值：_____V	
	仪表显示	提示语：_____	
		故障灯：_____	
	故障现象		

② 记录行驶模式下仪表信息数据

	挡位情况	□R □N □D □P
	车辆能否正常起动	□能 □不能
	仪表显示	提示语：_____
		故障灯：_____
	故障现象	

③ 故障验证结论

结论：

实训二　检修动力电池热管理系统三通电磁阀

实训目标

（1）掌握动力电池热管理系统三通电磁阀工作原理。
（2）掌握动力电池热管理系统三通电磁阀检修方法。
（3）能够正确画出动力电池热管理系统三通电磁阀电路图。
（4）能够对动力电池热管理系统三通电磁阀进行检修。

实训任务

新能源汽车维修服务站新接收了一辆待维修车辆，车辆为一辆2018款吉利帝豪EV450电动汽车，车辆存在冷却液回路不能切换，不能切换到热交换器，动力电池不能得到有效加热，动力电池的性能和充电效率降低的问题。请你检查车辆的情况并维修。

任务实施

1. 请进行维修作业前检查及车辆防护，并记录信息

①维修作业前现场环境检查

作业内容：
检查绝缘垫，设立隔离柱，布置警戒线，张贴警示牌。

作业结果：
_____
_____

②维修作业前防护用具检查

作业内容：
绝缘手套、绝缘鞋、护目镜、安全帽外观及性能检查。

作业结果：
_____
_____

模块五　动力电池热管理系统检修

133

③维修作业前仪表工具检查

作业内容：
绝缘万用表、绝缘工具箱、放电工装外观及性能检查。

作业结果：
_____
_____

④维修作业前实施车辆防护

作业内容：
铺设翼子板防护垫、汽车维修三件套、脚垫。

作业结果：
_____
_____

2. 检查蓄电池，并记录数据

测量蓄电池电压：

蓄电池正极连接：□正常 □异常

蓄电池负极连接：□正常 □异常

作业结果	□无故障	经检查，蓄电池电压正常，正负极连接处良好
	□有故障	经检查，_____存在_____现象，需维修恢复

3. 检查三通电磁阀 WV1 熔丝 EF13，并记录数据

熔丝 EF13：□正常 □异常

作业结果	□无故障	经检查，熔丝 EF13 良好，无故障现象
	□有故障	经检查，_____存在_____现象，需维修恢复

4. 检修熔丝 EF13 线路，并记录数据

熔丝 EF13 线路：□正常 □异常

作业结果	□无故障	经检查，熔丝 EF13 线路正常，无故障现象
	□有故障	经检查，_____存在_____现象，需维修恢复

模块五　动力电池热管理系统检修

5. 检查三通电磁阀 WV1 电源线路及三通电磁阀 WV1 接地线路，并记录数据

		WV1 电源线路：□正常 □异常
		WV1 接地线路：□正常 □异常
作业结果	□无故障	经检查，三通电磁阀 WV1 电源线路及三通电磁阀 WV1 接地线路正常，无故障现象
	□有故障	经检查，_____存在_____现象，需维修恢复

6. 检修三通电磁阀 WV1 和 A/C 空调控制器，并记录数据

		三通电磁阀 WV1：□正常 □异常
		A/C 空调控制器：□正常 □异常
作业结果	□无故障	经检查，三通电磁阀 WV1 和 A/C 空调控制器正常，无故障现象
	□有故障	经检查，_____存在_____现象，需维修恢复

7. 请完成整车上电及车辆驾驶操作，以验证故障现象是否解除

①记录整车上电仪表信息数据

	点火钥匙位置：□START □ON □ACC □LOCK	
	READY 指示灯： □熄灭 □点亮	续航里程：_____km
	挡位情况： □R □N □D □P	动力电池电压值：_____V
	仪表显示	提示语：_____
		故障灯：_____
	故障现象	

②记录行驶模式下仪表信息数据

	挡位情况	□R □N □D □P
	车辆能否正常起动	□能 □不能
	仪表显示	提示语：_____
		故障灯：_____
	故障现象	

③故障验证结论

结论：

实训三　检修冷却风扇

实训目标

（1）掌握冷却风扇的作用、结构。
（2）掌握冷却风扇低速挡不运转的故障检修。
（3）能够正确画出冷却风扇电路图。
（4）能够正确对冷却风扇常见故障进行诊断与排除。

实训任务

新能源汽车维修服务站新接收了一辆待维修车辆，车辆型号为EV450，经过询问以及客户反映，该车有电机、充电机温度过高、制冷压力偏高、制冷效果变差等故障，技师刘强委派学徒工王磊对高压控制盒进行检修。

任务实施

1. 请进行维修作业前检查及车辆防护，并记录信息

①维修作业前现场环境检查

作业内容：
检查绝缘垫，设立隔离柱，布置警戒线，张贴警示牌。

作业结果：
_____
_____

②维修作业前防护用具检查

作业内容：
绝缘手套、绝缘鞋、护目镜、安全帽外观及性能检查。

作业结果：
_____
_____

136

③维修作业前仪表工具检查

作业内容：
绝缘万用表、绝缘工具箱、放电工装外观及性能检查。

作业结果：
_____
_____

④维修作业前实施车辆防护

作业内容：
铺设翼子板防护垫、汽车维修三件套、脚垫。

作业结果：
_____
_____

2. 检查蓄电池，并记录数据

测量蓄电池电压：

蓄电池正极连接：□正常 □异常

蓄电池负极连接：□正常 □异常

作业结果	□无故障	经检查，蓄电池电压正常，正负极连接处良好
	□有故障	经检查，_____存在_____现象，需维修恢复

3. 检查冷却风扇电源与接地间电压，并记录数据

冷却风扇电源与接地间电压：□正常 □异常

作业结果	□无故障	经检查，冷却风扇电源与接地间电压正常，无故障现象
	□有故障	经检查，_____存在_____现象，需维修恢复

4. 检查整车控制器 VCU 熔丝 EF09、SF08，并记录数据

熔丝 EF09：□正常 □异常

作业结果	□无故障	经检查，整车控制器 VCU 熔丝 EF09、SF08 良好，无故障现象
	□有故障	经检查，_____存在_____现象，需维修恢复

5. 检查冷却风扇低速继电器 ER12 及主继电器 ER05，并记录数据		
		冷却风扇低速继电器 ER12：□正常 □异常
		主继电器 ER05：□正常 □异常
作业结果	□无故障	经检查，冷却风扇低速继电器 ER12 及主继电器 ER05 工作正常，无故障现象
	□有故障	经检查，_____存在_____现象，需维修恢复

6. 请完成整车上电及车辆驾驶操作，以验证故障现象是否解除

①记录整车上电仪表信息数据

	点火钥匙位置：□START □ON □ACC □LOCK	
	READY 指示灯： □熄灭 □点亮	续航里程：_____km
	挡位情况： □R □N □D □P	动力电池电压值：_____V
	仪表显示	提示语：_____
		故障灯：_____
	故障现象	

②记录行驶模式下仪表信息数据

	挡位情况	□R □N □D □P
	车辆能否正常起动	□能 □不能
	仪表显示	提示语：_____
		故障灯：_____
	故障现象	

③故障验证结论

结论：

模块六

高压配电系统检修

基础知识模块

高压配电系统

一、高压配电系统概述

电动汽车电气系统主要包括高压配电系统、低压电气系统和CAN总线通信网络系统等，低压电气系统与传统车类似，为12 V或24 V的低压电气系统，普通乘用车通常是12 V低压电气系统。高压配电系统负责将动力电池与驱动电机、PTC、电动空调压缩机、车载充电机、充电接口等各个高压电气部件连接，完成高压电的输入输出。高压配电系统主要包括高压继电器、预充电阻、电流/电压传感器、高压线缆、接线板、熔丝、手动维修开关（MSD）、高压接插件等。一种典型的电动汽车高压电气系统架构如图6-1所示。

纯电动汽车的工作电压在200 V以上，工作电流达数十、甚至数百安培，当发生高压安全故障时，高电压和大电流不仅危及乘客人身安全还会影响低压电气的整车工作。

在车辆的生产与优化中，电动汽车的高压系统分为分体式的高压系统与集成式高压系统。分体式高压系统的高压配电盒、DC/DC变换器、车载充电机、PTC加热控制器、电机控制器等都是各自独立存在的，如图6-2所示。随着技术的改进，集成式高压系统有三合一、四合一、五合一等，如图6-3所示。

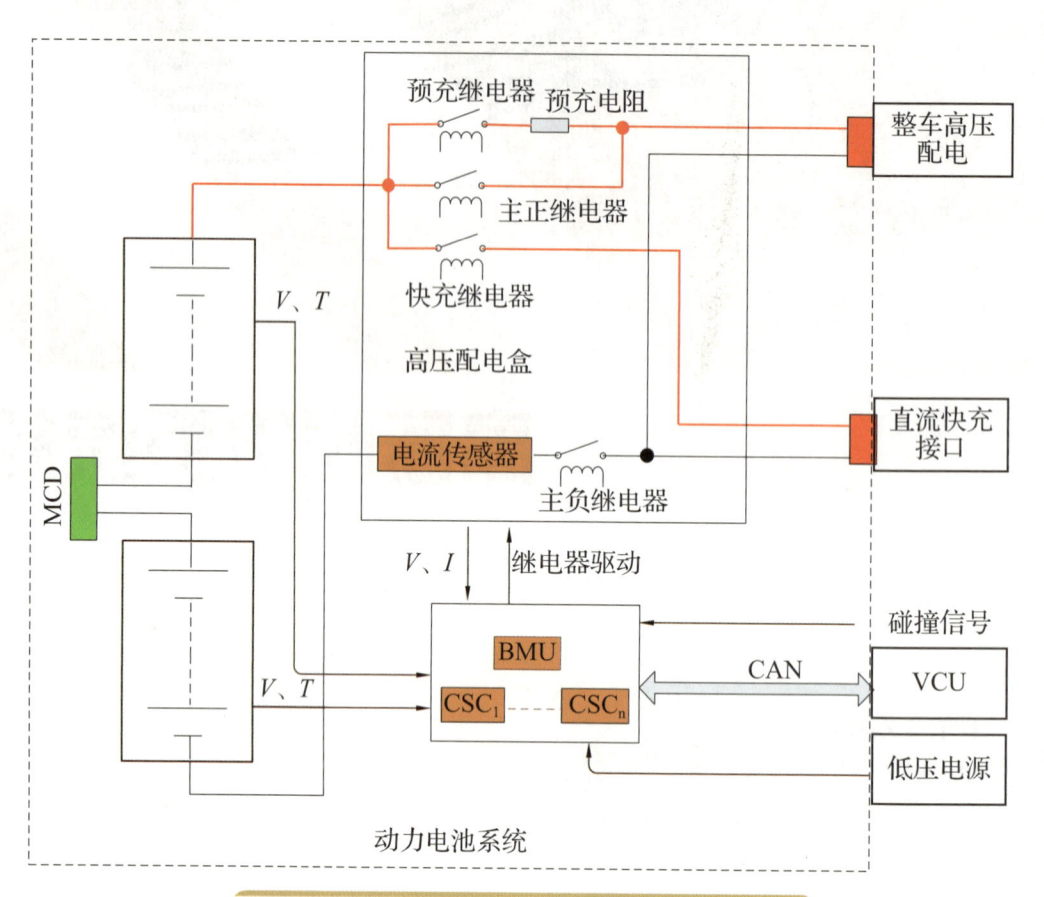

图6-1 典型的电动汽车高压电气系统架构

图6-2 分体式高压系统

图6-3 整体式高压系统

整车共分为5段高压线缆，即连接动力电池到高压控制盒之间的动力电池高压电缆，连接高压控制盒到电机控制器之间的电机控制器电缆，连接快充口到高压控制盒之间的快充线束，连接慢充口到车载充电机之间的慢充线束，连接高压控制盒到DC/DC、车载充电机、空调压缩机、空调PTC之间的高压附件线束，如图6-4所示。

图 6-4 高压线缆接线图

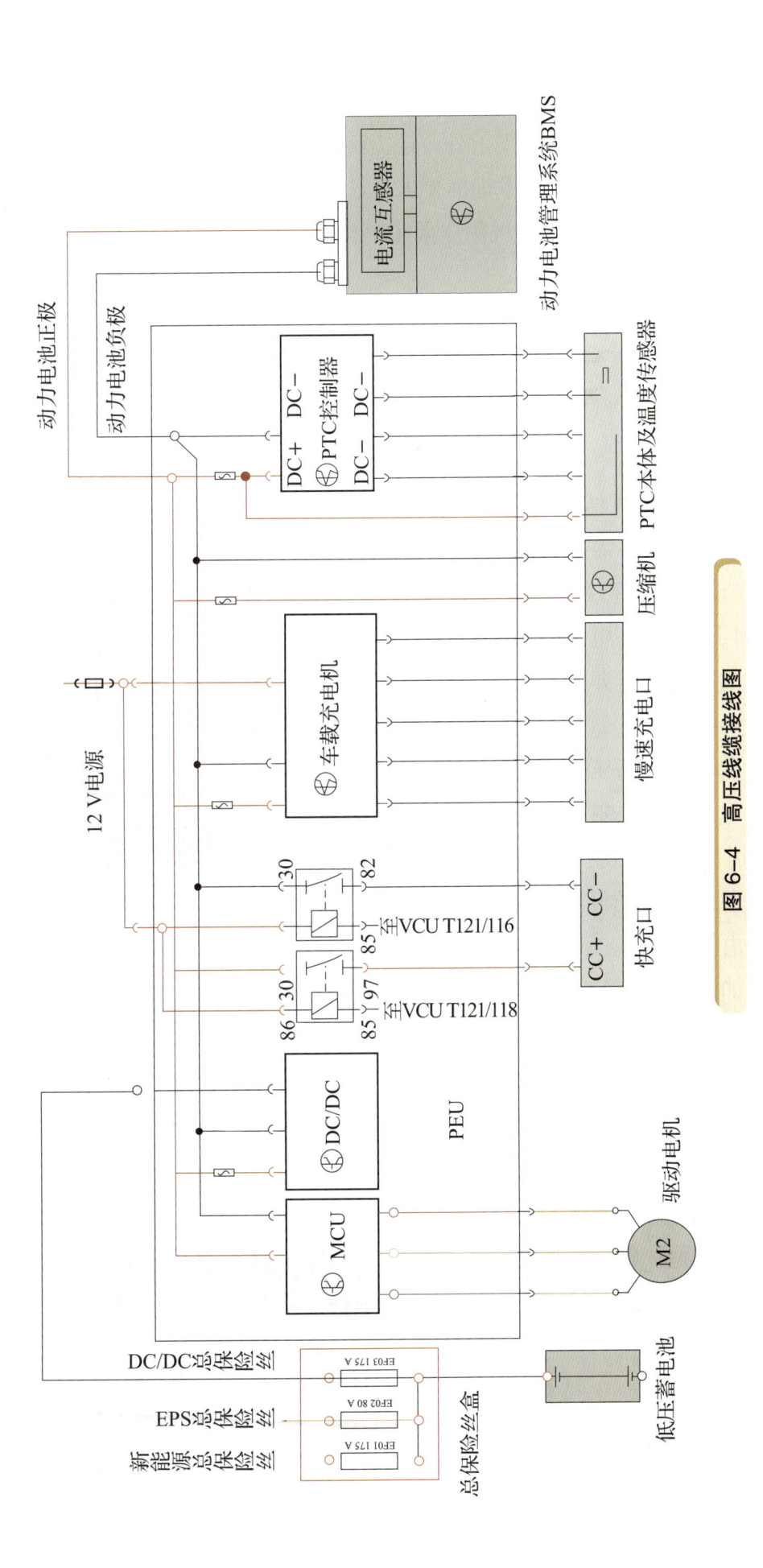

电动汽车动力电池的额定电压通常较高,按 GB/T 31466—2015《电动车辆高压系统电压等级》的规定,可选择 144 V、288 V、346 V、400 V、576 V 等,因此要求高压配电系统除了满足电动汽车动力系统电能分配需求外,还需确保高压系统安全、可靠、稳定运行。电动汽车高压配电系统须符合相关的技术标准要求,这些技术要求主要包括:高压电气部件标识、高压电气绝缘与防护要求、高压电气耐压要求、接触防护要求、预充保护、安全泄压保护、过载与短路保护、高压电磁保护等。

二、高压配电系统器件

1. 高压继电器

(1) 高压继电器组成结构与工作原理。

电动汽车在工作时,需要将动力电池与高压电气设备进行可靠连接与断开,由于高压回路存在高电压、大电流的状况,因此这个通断需要由高压继电器完成,如图 6-5 所示。

高压继电器也称为高压接触器,是一种以低压小电流电路控制高压大电流电路的"自动开关",低压驱动电路在电动乘用车中通常为 12 V 的低压电路,高压继电器主要由低压线圈、活动铁芯、绝缘壳体、回位弹簧、高压触点、高压接线柱、密封气室等组成,如图 6-6、图 6-7 所示。当需要接通高压回路时,控制器给低压线圈供电,活动铁芯带动高压触点向上运动,高压继电器闭合,接通高压回路;当需要断开高压回路时,控制器给低压线圈断电,活动铁芯在回位弹簧的作用下复位,高压触点分离,断开高压回路。

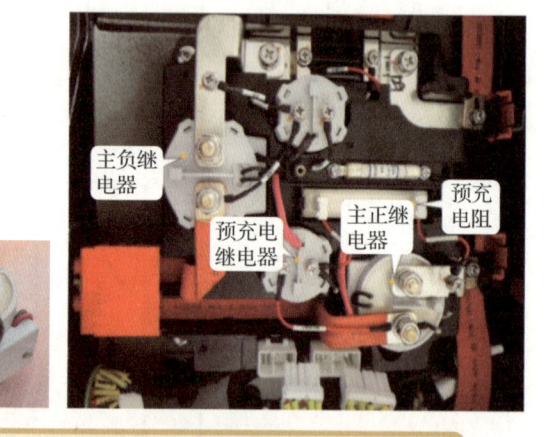

图 6-5 高压继电器

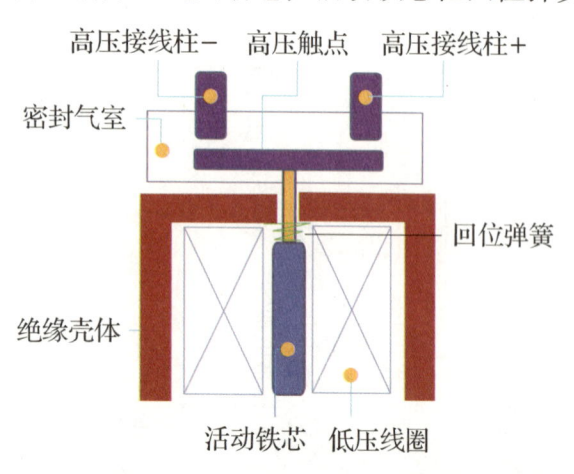

图 6-6 高压继电器基本结构

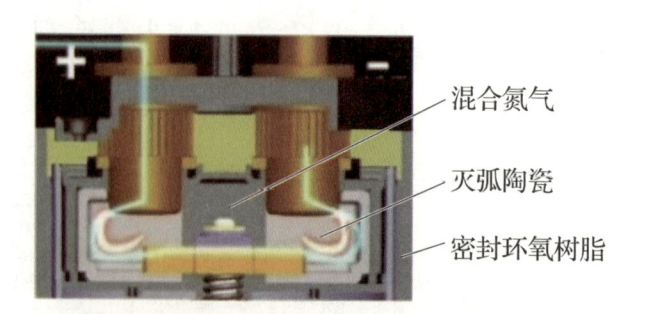

图 6-7 高压继电器高压触点密封气室

高压继电器闭合运行期间不必一直提供较高功率，经常在成功闭合后将线圈电流降到一个维持量。这通常由高压继电器控制器通过一个频率为 15~20 kHz 的 PWM 脉宽调制信号来实现。PWM 控制信号的频率不能太低，否则会有嗡嗡的交流噪声，并且可能会导致触点产生微小移动而损坏。

根据车型及动力系统的不同，电动汽车上所使用的高压继电器规模与形式也存在较大差异。通常一辆电动汽车需配备 5~8 只高压继电器：2 个主继电器、1 个预充继电器、2 个快充继电器、2 个普通充电继电器和 1 个高压系统辅助设备继电器，如图 6-8 所示。

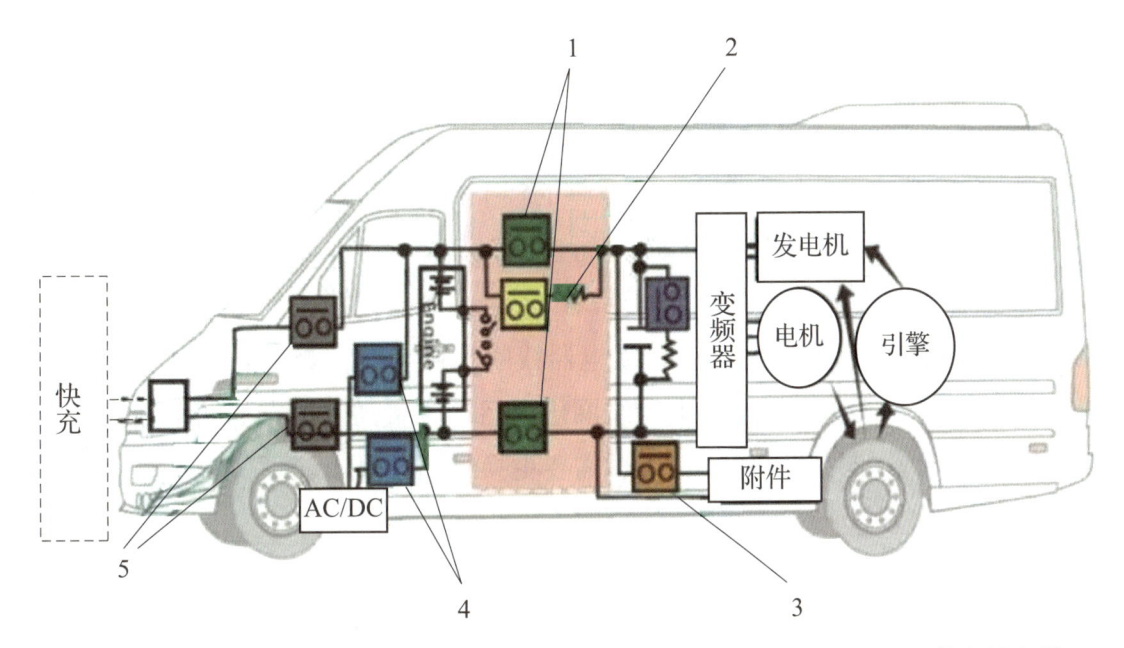

1—主继电器；2—预充继电器；3—高压辅助继电器；4—普通充电继电器；5—快充继电器。

图 6-8　电动汽车高压配电系统配备的高压继电器

（2）高压继电器的基本要求。

电动汽车工况多变，高压上电或充电时会产生冲击电流，加速行驶会产生过载电流，短路时会产生短路电流，要保证高压继电器的可靠接通、快速分离，要求高压继电器要耐高压、耐负载、抗冲击、分断能力强和灭弧能力强。

1）耐高压。电动汽车的工作平台电压都较高，因此要求高压继电器能够承受较高的工作电压，并且在高压负载中实现可靠的闭合与断开。

2）灭弧能力强

一种灭弧的措施是利用磁吹的原理给开关触点设置灭弧磁铁，磁吹的原理就是利用电弧在洛伦兹力的作用下，向两边的灭弧区移动，从而达到灭弧的效果，如图 6-9 所示。

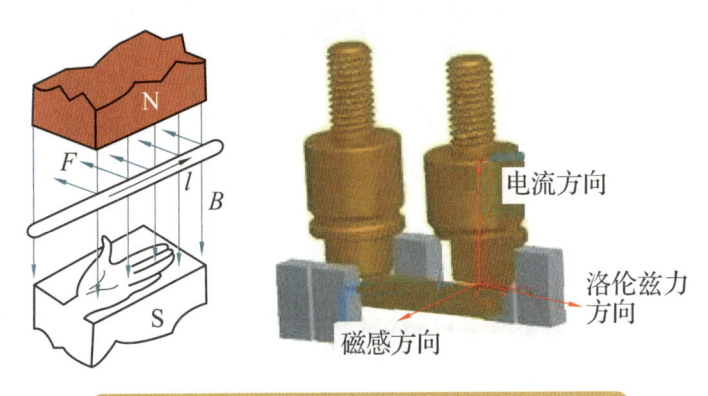

图 6-9　磁吹灭弧原理

要注意，当灭弧磁场垂直于负载电流方向时，正向电流使电弧向外偏离，起到灭弧作用，但反向电流会使电弧向中心聚集，电弧加强，触点被烧蚀。因此高压继电器在使用、更换时，正、负接线柱不得接反，如图6-10所示。在有些高压继电器中通过调整灭弧磁场的方向，将电弧尽量向接线柱两侧引，防止反向电流烧毁触点。

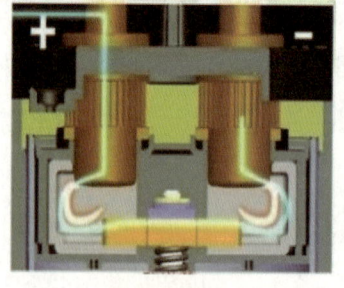

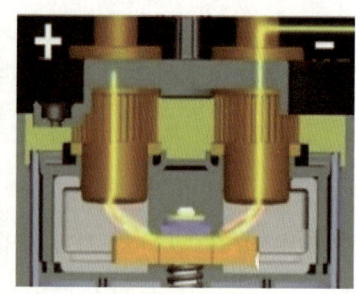

图6-10 反向电流对磁吹灭弧的影响

（3）高压继电器诊断与维修。

1）电器线圈故障不能产生磁力。使用万用表测量继电器线圈电阻，检查其阻值是否正常，正常阻值为50 Ω（具体值需查询对应车型的标准值）。如果不正常需要更换继电器总成；还可以使用加电测试的方法对继电器线圈进行检测，具体方法是利用外部电源给继电器线圈通电，观察继电器是否有吸合的声音，如果有，说明继电器线圈正常。

2）继电器触点烧蚀或触点粘连。在继电器线圈不供电时，测量高压触点的两个连接点之间电阻正常值应该为无穷大；给继电器线圈供电后，测量高压触点的两个连接点之间电阻正常值应该小于1 Ω，如果测量值不正确，需要更换继电器总成。

2. 高压熔丝

高压熔丝又称高压熔断器，主要是在高压回路发生过载或短路现象时，对高压线缆及高压电气设备起到安全保护作用，避免出现动力电池、高压线缆等过热爆炸或起火。高压熔丝外部被耐高温的陶瓷包裹，熔丝材料主要是由铝锑合金制成。当高压回路的电流超过限定电流后，熔丝金属材料温度会升高，当升高到熔点温度后熔断，起到保护作用。车用高压熔丝选型需根据熔丝的工作环境温度、负载电流、短路电流、额定电压和尺寸等进行选择，一般来说，要求高压熔丝的额定电压大于动力电池系统最高工作电压。额定电流为高压回路负载电流的1.5~3倍。如图6-11所示为电动汽车使用的额定电压500 V、额定电流200 A的高压熔丝。

图6-11 高压熔丝

高压熔丝一般安装在动力电池内部，高压配电盒内部以及某些控制模块内部（如电动空调压缩机、PTC）等。高压熔丝好坏的判断可以通过万用表测量电阻或者电压的方法，高压熔丝两端正常阻值应该小于1 Ω，在通电情况下熔丝两端电压应该相同。如果熔丝异常，更换单独的熔丝或零部件总成，注意：有些熔丝允许单独更换，如高压配电盒内的熔丝；有些熔丝在高压用电设备内部，由于涉及高压密封、高压安全等问题，不允许单独更换熔丝。

3. 高压电缆及接插器

（1）高压电缆

电动汽车高压电缆主要用于连接高压动力电池、逆变器、电动空调压缩机、三相发电机和电动机、PTC等高压用电设备，传输电能，如图6-12所示。因高压电缆承载的电流较大，故高压电缆的线径比较大；电动汽车高压电缆要在车内的较小空间布置，必须有良好的柔软性；高压电缆处于车上的高振动环境，必须有良好的耐磨性；高压电缆尽量布置于车底，做好防电磁干扰和屏蔽，而且必须有良好的机械防护和固定。

高压电缆分为带屏蔽层和不带屏蔽层两种，带屏蔽高压电缆主要用于电流方向和大小交替变换的电路中，如电动汽车的驱动电机的高压电缆。考虑到防止对其他电路产生电磁干扰和电磁辐射，电动汽车大部分的高压电缆为带屏蔽高压电缆。

如图6-13所示，带屏蔽层的高压电缆由导体、绝缘层、屏蔽层（带隔离层）、护套组成。高压电缆护套为橙色，警示操作人员属于高压元器件，操作时注意防止高压电击，高压电缆的外保护套包括波纹管和热缩套，波纹管同样为橙色，热缩套采用不同的颜色对电缆极性进行区分，正极为红色，负极为蓝色，U相为黄色，V相为绿色，W相为红色。

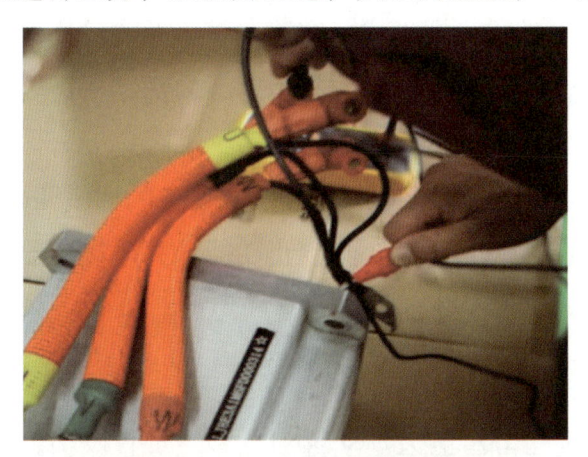

图6-12　电动汽车高压电缆

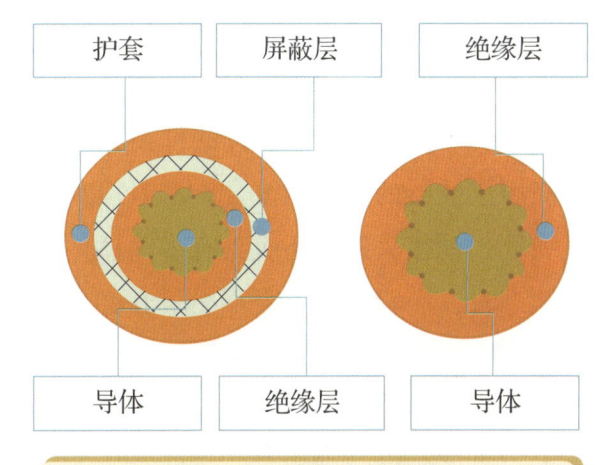

图6-13　高压电缆结构

高压电缆的导体采用圆形裸铜线，分为单芯和多芯，电流越大导体的截面积越大，金属导体包裹有绝缘材料，为耐热120~200℃级别的无卤素XLPE交联聚乙烯绝缘材料。护套多为耐热105~180℃的环保TPE材料。高压电缆应该具有抗干扰、易于弯折、环保阻燃、耐油等特点。

高压电缆的故障形式主要有断路、短路、接触不良和绝缘故障。

1）断路：高压电缆断路会导致电力传输中断，首先检测高压电缆外观有没有破损，插头是否插牢，如果高压电缆外观正常的话，可以使用万用表电阻挡测量导线两端的阻值来检查导线的好坏。高压电缆正常阻值应该小于1Ω，如果阻值过大需要更换高压电缆。

2）短路：当动力电池供电系统的主熔丝断路的时候，在更换熔丝之前我们需要检查高压电缆是否存在短路故障。当电动汽车动力系统的高压电缆短路时，会导致动力电池瞬间大电流放电，此时动力电池和高压线束的温度迅速升高，将会导致动力电池高压主熔丝断路。

3）接触不良：高压电缆接触不良会导致线束或者插头出现异常发热的情况，当线束或插头出现异常发热时，需要检查其是否存在接触不良故障。根据情况进行修复或者更换。

4）绝缘故障：高压电缆绝缘故障时，首先检查高压电缆外观有没有破损，如果没有破损的话，使用绝缘电阻表测量高压电缆车身搭铁间绝缘阻值，正常值大于 20 MΩ。

（2）高压接插器。

高压接插器是一种借助电信号或机械力的作用使电路接通、断开的功能性元件，由固定端电接插器（插座），自由端电接插器（插头）组成，如图 6-14 所示。

高压接插器结构一般包括接触对、密封圈、对接锁止机构、支架、外壳、定位机构、高压互锁机构、屏蔽机构、绝缘结构等。一般的端接方式有焊接、压接、过孔连接、螺钉连接等。安装方式也多种多样，包括面板式、电缆式、螺母式、穿墙式等。总体结构上需要考虑操纵适宜性，包括操纵空间大小、防误操作结构、连接到位指示等，内部结构需要考虑接触件的可拆卸性、接触件的种类和结构形式等。

图 6-14 电动汽车高压接插器

高压接插器的性能应符合 SAE J1742 标准的要求，接插器与所连接电气设备的插座匹配，除了线环、铜接头外，还应具有主动锁止功能，在拆卸时注意解除锁止功能，高压接插器在结合状态时，一般防护等级不小于 IP65。

4. 手动维修开关

手动维修开关（见图 6-15）(MSD) 是保证高压电气安全的关键部件之一，是实现高压系统电气隔离的执行部件，在关键时刻用于切断高压动力回路，以保障维修和驾乘人员安全。通常会将主回路的高压熔丝内置于 MSD 中。

当需要进行维修时，拔出 MSD 就可以有效地物理切断动力电池系统的高压输出，从而保障维修人员的安全；在运行过程中，如果发生短路则可以起到熔断保护的作用。MSD 在高压电气系统中的布置位置要兼顾在整车上的安装和插拔空间的便利性，主要有两种方式，如图 6-16 所示。一种是布置在高压电气回路的电池模组中心附近，在整车上通常布置在扶手箱下方，拆卸扶手箱后可拔出，如比亚迪 E5，也有些布置于座椅下方的地板上，另一种是布置在高压电气回路的正极附近，如特斯拉 Model 560。

图 6-15 手动维修开关

图 6-16　MSD 布置位置

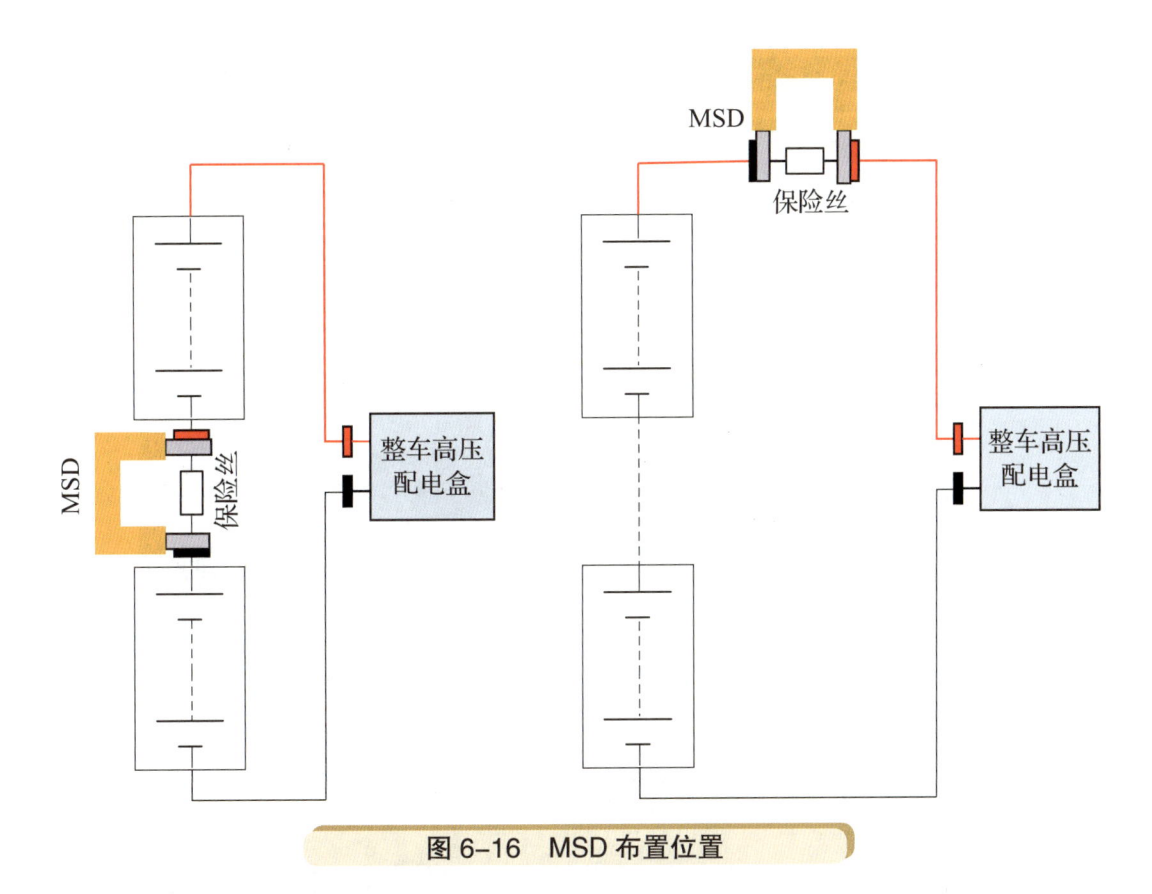

手动维修开关的主要故障如下：

（1）**维修开关断路或接触不良。**

手动维修开关断路会导致动力电池没有高压输出，可以利用万用表电阻挡测量维修开关的两个金属接头的阻值来检查开关的好坏，维修开关正常阻值应该小于 1 Ω，如果阻值过大需要更换维修开关，维修开关接触不良会导致动力电池输出电压低，可能会导致用电设备工作不正常，当动力电池有高压输出时，如果维修开关异常发烫，说明维修开关接触不良，需要更换维修开关。

（2）**主熔丝断路。**

主熔丝断路会导致动力电池没有高压输出，当主熔丝断路时，需要检查动力电池主高压回路是否存在短路故障。

5. 高压配电盒

电动汽车通常将高压电气系统的主正继电器、主负继电器、预充继电器、预充电阻、熔丝、电流传感器、继电器监测采集线、总电压采集线等集成于一个电箱内，完成动力电池电源的输出与分配，称之为高压配电盒。不同车型的高压配电盒组成与布置位置不同，有的车型独立成一总成，安装于前机舱内，如比亚迪 E6，北汽 EV160 等，北汽 EV160 还集成了空调暖风加热器控制模块，如图 6-17、图 6-18 所示。

图 6-17 比亚迪 E6 高压配电盒

（标注：空调加热器控制模块、保险丝）

图 6-18 北汽 EV160 高压配电盒

（标注：主正保险丝、主正继电器、电流传感器、充电保险丝、预充电阻、主正继电器、保险丝盒、DC/DC继电器、DC/DC预充电继电器、主负继电器、空调继电器、空调预充电继电器）

有的车型将高压配电盒与其他控制器集成，如比亚迪 E5 将高压配电盒与 VTOG 双向交流逆变式电机控制器、车载充电机 OBC、DC/DC 变换器集成为高压电控总成，如图 6-19 所示。

吉利 EV450 将高压配电盒（B-BOX）安装于动力电池包内，动力电池包输出的高压在车载充电机内进行分配，如图 6-20 所示。

图 6-19 比亚迪 E5 高压电控总成

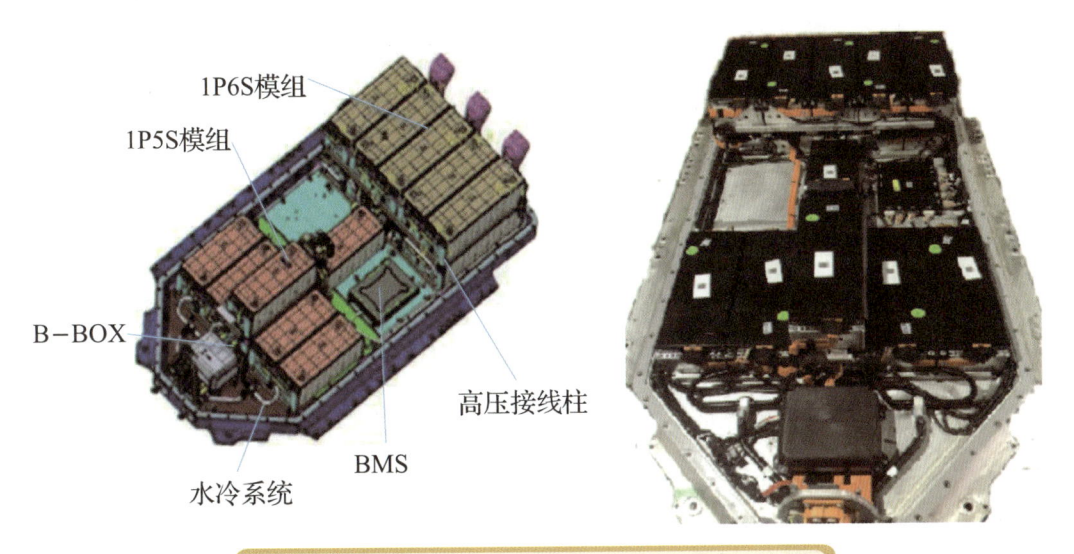

图 6-20　吉利 EV450 高压配电盒 B-BOX 位置

三、高压控制盒的结构

高压控制盒能够对整车高压配电进行管理，实现对各路输出分别控制，对高压安全进行管理，有过流、过压、过温保护功能，同时具备 CAN 通信功能，可实时交换数据。新能源汽车通常在大功率的电力环境下运行，有的电压高达 700 V 以上，电流高达 400 A，对高压配电系统的设计及零部件的选用提出了巨大的挑战。高压电源通过高压电缆直接进入高压控制盒后根据各车型系统的需要分配到系统高压电气部件中，并且需要保证整个高压系统及各高压电气设备的安全性、绝缘性、电磁干扰屏蔽性等要求。

1. 高压控制盒的作用

高压控制盒（HCU）主要作用是完成动力电池电源的输出及分配，实现对支路用电器的保护及切断。常见的高压控制盒共有 5 个端口，分别与快充线束、低压控制线束、高压附件线束、动力电池高压电缆、电机控制器电缆连接，如图 6-21 所示。高压控制盒故障会导致整车低压电路电压过低、电动汽车没有暖风、空调压缩机不工作、充电系统故障以及整车 READY 灯不能点亮等。

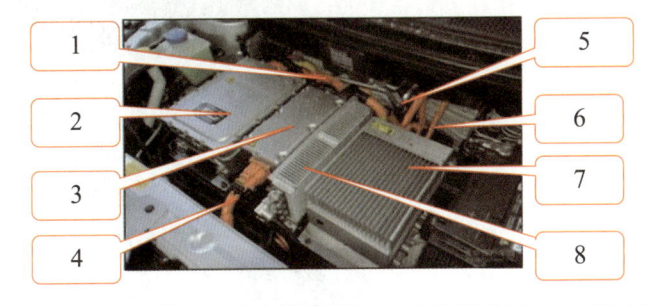

1—电机控制器电缆；2—电机控制器；3—高压控制盒；4—快充线束；5—高压附件电缆；6—慢充线束；7—车载充电机；8—DC/DC。

图 6-21　高压配电系统

2. 高压控制盒的结构

（1）高压控制盒外部结构。

高压控制盒又称高压配电盒，与外部连接分低压控制线和高压电缆。低压控制线主要是完成内部电路控制盒数据传输。高压电缆主要分为快充线束、动力电池高压线束、电机控制器（MCU）电缆、高压附件线束。高压附件线束分别连接车载充电机（OBC）、空调加热PTC接插件、空调压缩机（EAS）接插件、DC/DC变换器接插件，如图6-22所示。高压电缆外表制造成显著的橙色是为了警告人们注意高压电。

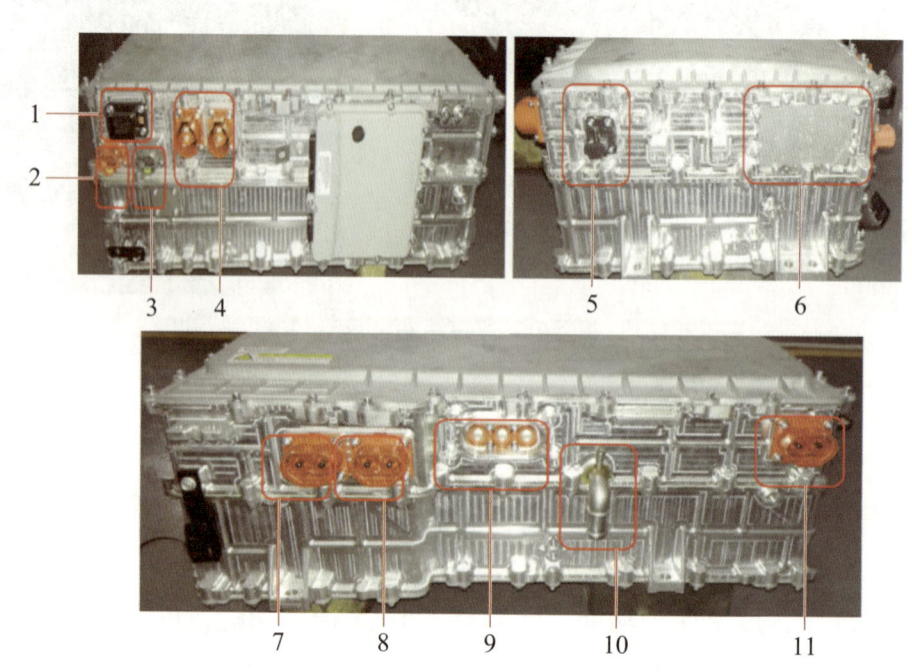

1—33PIN 低压接插件；2—电动压缩机；3—PTC；4—电池包高压直流输入；5—DC/DC 低压输出；
6—32 A 空调保险；7—交流输入 L2、L3；8—交流输入 N、L1 相；
9—三相交流输出；10—出水口；11—直流充电输入。

图 6-22　高压控制盒外部结构

（2）高压控制盒内部结构。

高压控制盒内部主要有熔断器、控制电路和快充继电器三大部分，如图6-23所示。

1—MCU；2—DC 保险、空调保险、暖风保险、OBC 保险（从上至下）；
3—快充继电器；4—PTC；5—DC/DC；6—高压互锁。

图 6-23　高压控制盒内部结构

1）熔断器。高压控制盒内有4个大型熔断器，即空调加热（PTC）熔断器、空调压缩机熔断器、DC/DC变换器熔断器和车载充电机熔断器。

2）控制电路。高压控制盒内部安装有空调加热 PTC 控制电路板、高压互锁机构（又称盒盖开关）。4 个熔断器、空调加热 PTC 控制电路板以及高压互锁机构共同安装在高压控制盒同一层。

3）快充继电器。在高压控制盒的底部有两个体积较大的继电器，一个是正极继电器，另一个是负极继电器。这两个继电器是为了满足快充电路控制需要，在接通快充桩后，车辆与快充桩识别认证正确后接通，电动汽车进入充电状态。

3. 高压控制盒的工作原理

高压控制盒是连接动力电池与外部用电设备或充电设备的控制机构，如图 6-24 所示，为了保护用电设备和动力电池，通过熔断器、继电器和 PTC 控制板防止电流过大。如果分给电机控制器、DC/DC 变换器、空调压缩机和 PTC 加热器等用电设备的电流超过额定值，则相应的熔断器熔断，保护用电设备不损坏。

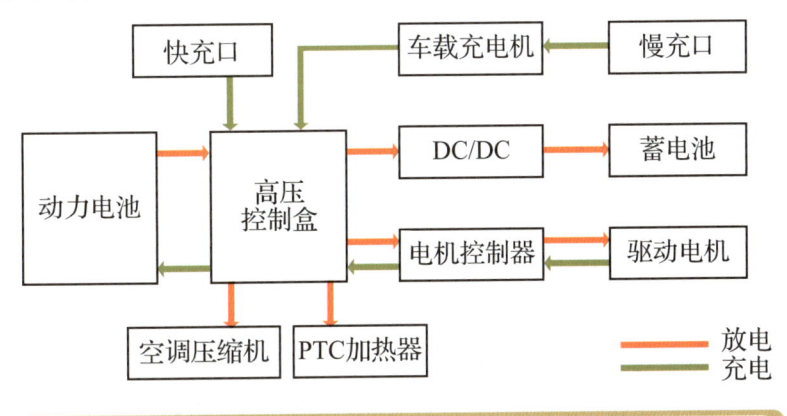

图 6-24 高压控制盒内熔断器、PTC 控制板和高压互锁机构

四、高压配电系统高压互锁简介

动力电池管理系统能量控制策略主要包括上下电控制策略、充电控制策略、均衡控制策略等。电动汽车采用高压动力电池作为动力源，高压上电是电动汽车驱动系统连接动力电池，做好行驶准备的前提条件。高压上电是指电动汽车接收驾驶员上电指令，动力电池管理系统（BMS）按控制策略，在满足上电条件的情况下，控制动力电池预充继电器完成预充，主正继电器、主负继电器闭合，动力电池给高压电气部件供电的过程。高压下电是指电动汽车接收驾驶员下电指令或出现不满足上电条件的情况，BMS 控制动力电池主正、主负继电器断开，动力电池停止给高压电气部件供电的过程。充电控制是指 BMS 与 OBC、直流充电桩等进行交互，控制预充继电器完成预充，主正、主负继电器或直流充电继电闭合，充电设备给动力电池充电的过程，并在充电过程中监测充电状态控制充电电流等。

1. 高压互锁原理

（1）高压互锁定义。

高压互锁（HVIL）指危险电压互锁回路：通过使用电气小信号来检查整个高压产品、导线、连接器及护盖的电气完整性（连续性），当识别到回路异常断开时，及时断开高压电。高压接插件中互锁端子如图 6-25 所示。

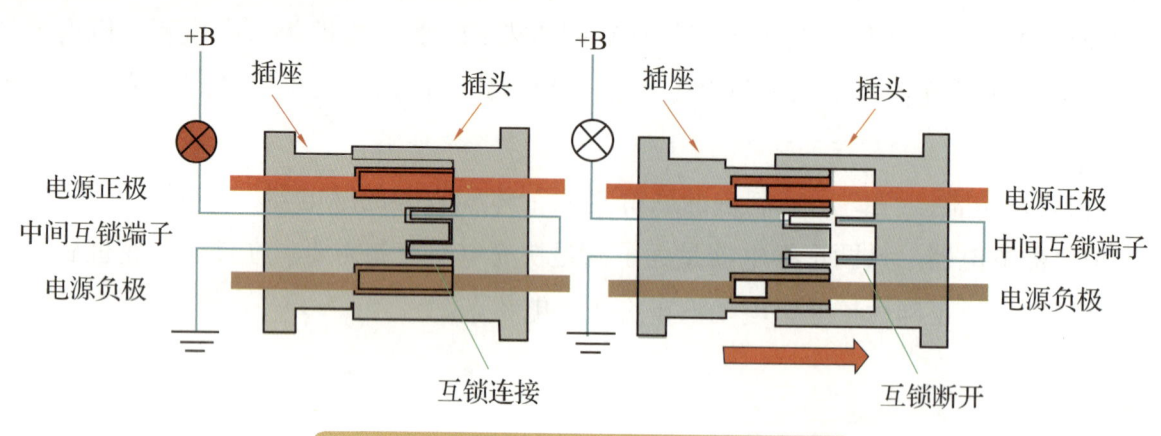

图 6-25　高压接插件中互锁端子

（2）高压互锁原理。

高压互锁安全回路是个环形线路，如图 6-26 所示。通过低压电网来监控高压电网。如果安全回路线断路，会导致高压系统立即被切断，从而对高压系统形成保护。

2　高压互锁作用

为了保证各个用电器高压线束连接到位以防止意外接触或漏电（相当于燃油泄漏），以及异常状态情况下（例如碰撞损坏、非正常操作断开高压用电器等）的安全，仅仅靠检测、目视检查不够。因此，高压互锁回路就显得极其重要，高压互锁环形路线如图 6-27 所示。

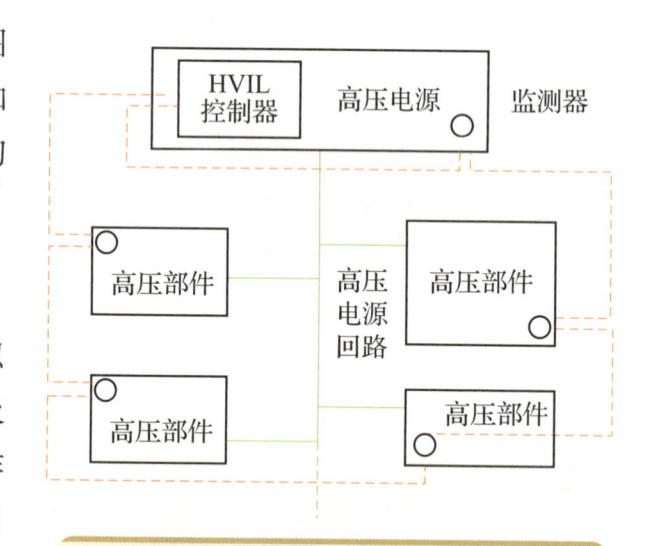

图 6-26　高压互锁安全回路

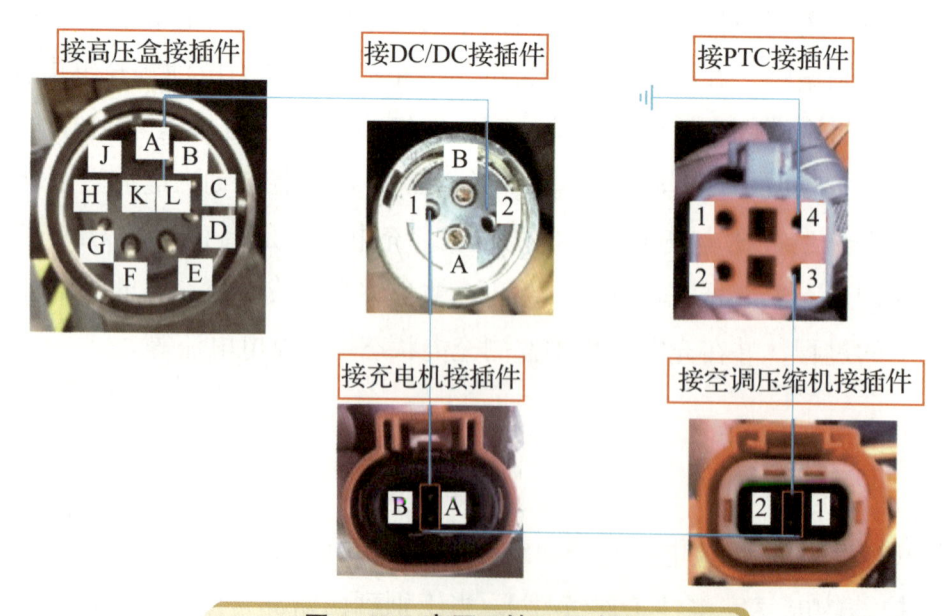

图 6-27　高压互锁环形路线

（1）整车在高压上电前确保整个高压系统的完整性，使高压处于一个封闭的环境下工作，提高安全性。

（2）当整车在运行过程中高压系统回路断开或者完整性受到破坏的时候，需要启动安全防护。

（3）防止带电插拔高压连接器给高压端子造成的拉弧损坏。分体式高压系统的高压配电盒、DC/DC 变换器、车载充电机、PTC 加热器控制、电机控制器等都是各自独立存在的。

3. 高压互锁控制策略

高压互锁控制策略如图 6-28 所示。

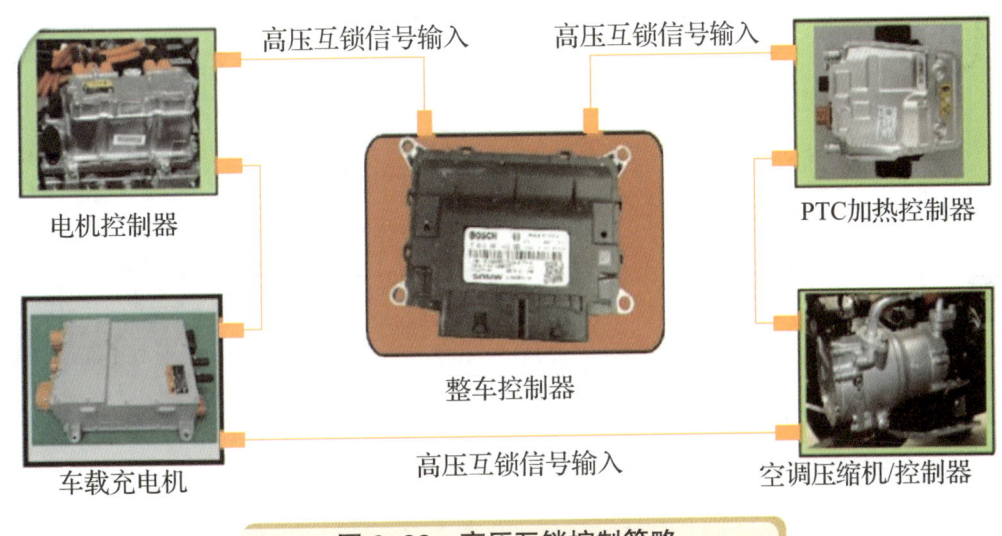

图 6-28 高压互锁控制策略

（1）故障报警。

无论电动汽车在何种状态，高压互锁系统在识别到危险时，车辆应该对危险情况做出报警提示，需要仪表或指示器以声或光报警的形式提醒驾驶员，让驾驶员注意车辆的异常情况以便及时处理，避免发生安全事故。

（2）切断高压源。

当电动汽车在停止状态时，高压互锁系统在识别严重危险的情况时，除了进行故障报警，还应通知系统控制器断开自动断路器，使高压源被彻底切断，避免可能发生的高压危险，确保财产和人身安全。

（3）降功率运行。

电动汽车在高速行车过程中，高压互锁系统在识别到危险情况时，不能马上切断高压源，应首先通过报警提示驾驶员，然后让控制系统降低电机的运行功率，使车辆速度降下来，以使整车高压系统在负荷较小的情况下运行，以尽量降低发生高压危险的可能性，同时也允许驾驶员能够将车辆停到安全地方。

4. 高压互锁工作过程

（1）高压电路连接原理。

借助 VCU 和低压线束，组成一个闭合的回路，如图 6-29 所示。由该 VCU 检查该回路的完整性。如果该回路出现短路、开路的情况，则认为存在潜在的危险，禁止输出高压。

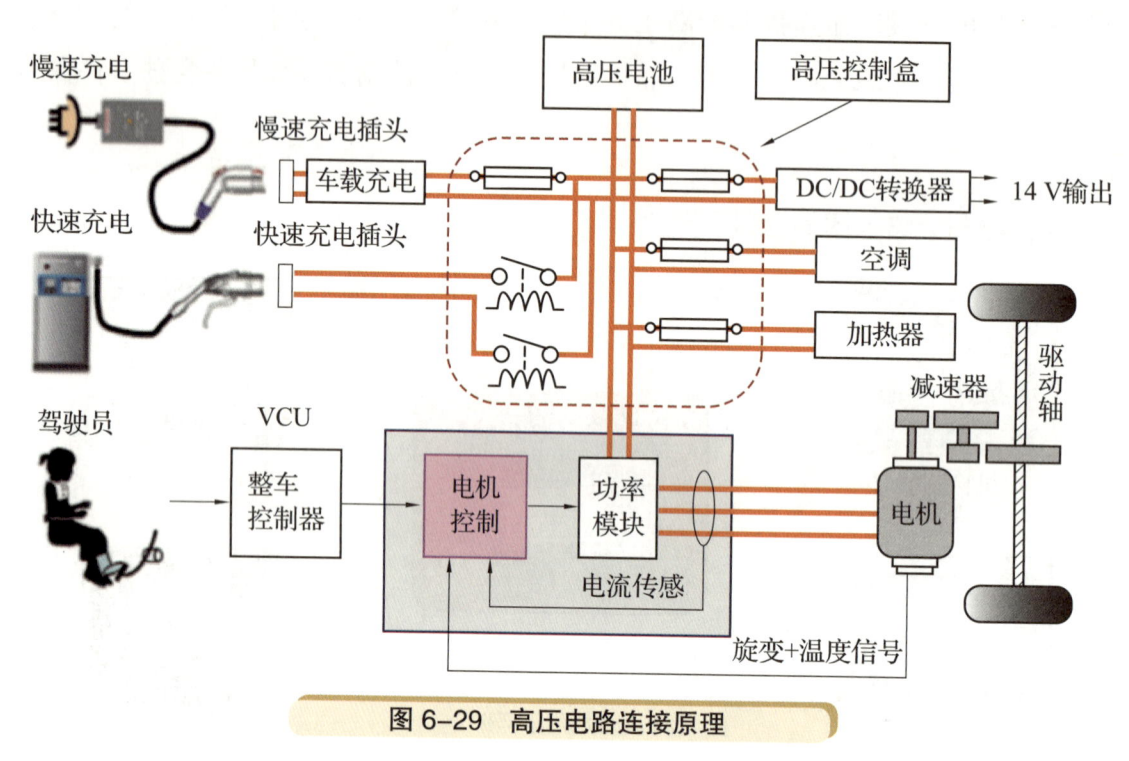

图 6-29　高压电路连接原理

（2）北汽 EV160 高压互锁的线路图。

北汽 EV160 高压互锁回路分为三部分，分别为动力电池高压互锁回路、电机控制器高压互锁回路和前机舱高压互锁回路，如图 6-30 所示。

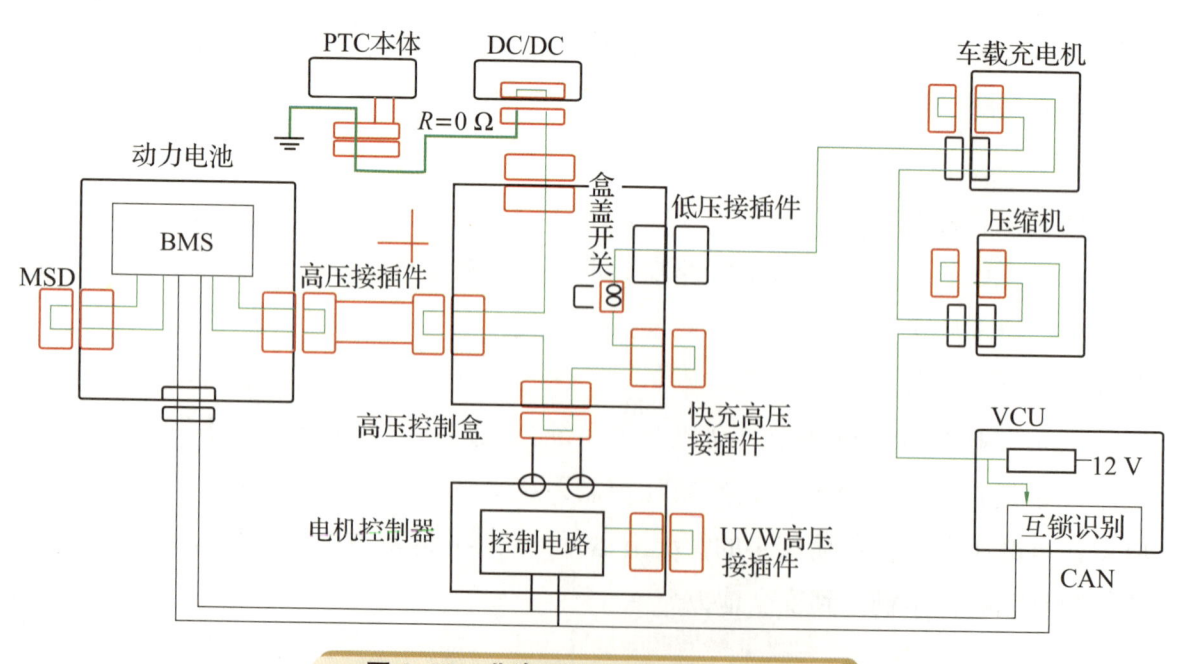

图 6-30　北汽 EV160 高压互锁回路

五、比亚迪 E5 高压配电系统

比亚迪 E5 高压配电系统包括动力电池包、高压电控总成、PTC、压缩机、驱动电机和交直流充电插座，高压电气连接如图 6-31 所示，其中，高压电控总成集成了双向交流逆变式电机控制器（VTOG）、车载充电机（OBC）、DC/DC 变换器和高压配电模块、漏电传感器；动力电池包内包含分压继电器 2 和 3，正极继电器 1 和负极继电器 4；高压配电模块内包括主继电器 7、交流充电继电器 8、预充继电器 9、直流充电正极继电器 5 和直流充电负极继电器 6。

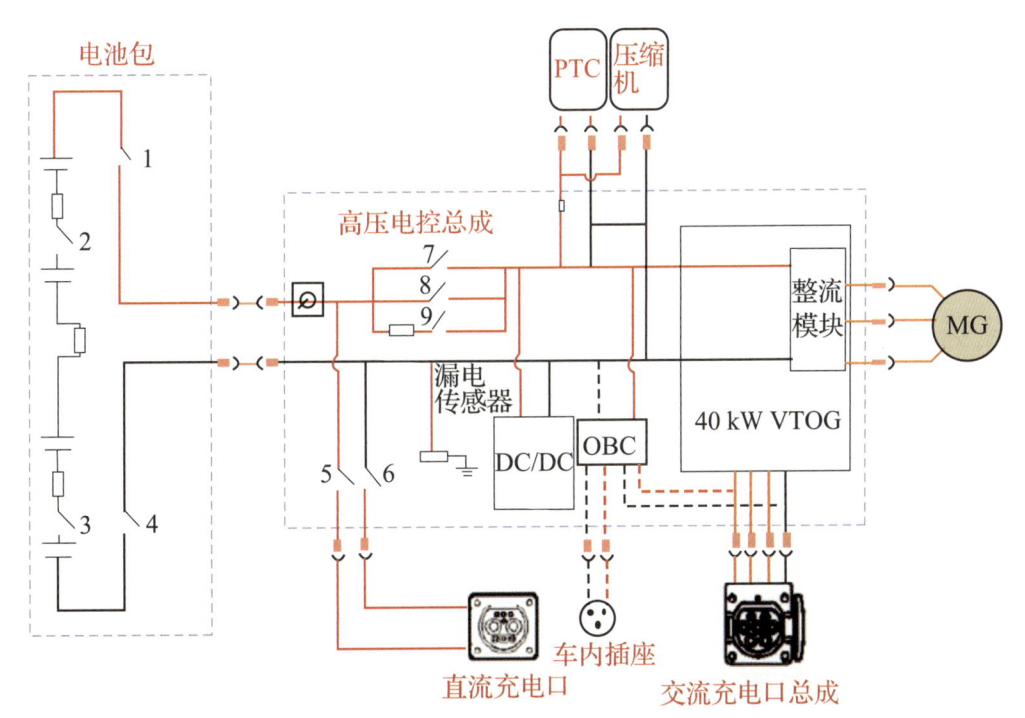

1—正极继电器；2，3—分压继电器 1；4—负极继电器；
5—直流充电正极继电器；6—直流充电负极继电器；7—主继电器；
8—交流充电继电器；9—预充继电器。

图 6-31 比亚迪 E5 高压配电系统

比亚迪 E5 高压电控总成侧面有 DC/DC 连接端口，与低压铁电池并联，为整车提供 13.8 V 低压工作电源。32A 熔丝为电动空调压缩机和 PTC 供电线路提供熔断保护。

实训操作模块

实训一　检修高压配电系统高压回路

实训目标

（1）掌握高压配电系统高压互锁检修方法。
（2）能够正确画出高压配电系统高压回路电路图。
（3）能够阐述高压配电系统电控策略。
（4）能够对高压配电系统高压回路进行检修。

实训任务

新能源汽车维修服务站新接收了一辆待维修车辆，车辆为一辆2018款吉利帝豪EV450电动汽车，车辆存在无法上电、无法READY故障。技师刘强怀疑是高压配电系统高压回路故障、高压继电器无法闭合的故障。

任务实施

1. 请进行维修作业前检查及车辆防护，并记录信息

① 维修作业前现场环境检查

作业内容：
检查绝缘垫，设立隔离柱，布置警戒线，张贴警示牌。

作业结果：
_____
_____

② 维修作业前防护用具检查

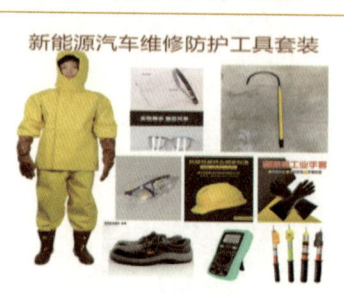

作业内容：
绝缘手套、绝缘鞋、护目镜、安全帽外观及性能检查。

作业结果：
_____
_____

③维修作业前仪表工具检查

作业内容：
绝缘万用表、绝缘工具箱、放电工装外观及性能检查。

作业结果：
_____
_____

④维修作业前实施车辆防护

作业内容：
铺设翼子板防护垫、汽车维修三件套、脚垫。

作业结果：
_____
_____

2. 检查蓄电池，并记录数据

测量蓄电池电压：

蓄电池正极连接：□正常 □异常

蓄电池负极连接：□正常 □异常

作业结果	□无故障	经检查，蓄电池电压正常，正负极连接处良好
	□有故障	经检查，_____存在_____现象，需维修恢复

3. 检查各高低压接插件内互锁端子，并记录数据

高压接插件装配：□正常 □异常

接插件内互锁端子：□正常 □异常

高压互锁电路：□导通 □断开

作业结果	□无故障	经检查，互锁端子良好，无退针、缺失现象
	□有故障	经检查，_____存在_____现象，需维修恢复

4. 检查盒盖开关，并记录数据

	电机控制器盒盖开关：□正常 □异常
	高压控制盒盒盖开关：□正常 □异常
	高压互锁电路：□导通 □断开

作业结果	□无故障	经检查，各盒盖开关正常闭合，无故障现象
	□有故障	经检查，_____存在_____现象，需维修恢复

5. 请完成整车上电及车辆驾驶操作，以验证故障现象是否解除

①记录整车上电仪表信息数据

	点火钥匙位置：□START □ON □ACC □LOCK	
	READY 指示灯： □熄灭 □点亮	续航里程：_____km
	挡位情况： □R □N □D □P	动力电池电压值：_____V
	仪表显示	提示语：_____
		故障灯：_____
	故障现象	

②记录行驶模式下仪表信息数据

	挡位情况	□R □N □D □P
	车辆能否正常起动	□能 □不能
	仪表显示	提示语：_____
		故障灯：_____
	故障现象	

③故障验证结论

结论：

实训二　检修高压控制盒

实训目标

（1）掌握高压控制盒的作用、结构。
（2）能够根据故障现象对高压控制盒故障进行分析。
（3）能够正确拆装高压控制盒。
（4）能够正确对高压控制盒常见故障进行诊断与排除。

实训任务

新能源汽车维修服务站新接收了一辆待维修车辆，车辆型号为北汽EV200，经过询问以及客户反映，该车没有暖风。经过技师刘强检查，初步判断为高压控制盒故障，需要更换高压控制盒，技师刘强委派学徒工王磊对高压控制盒进行检修。

任务实施

1. 请进行维修作业前检查及车辆防护，并记录信息

①维修作业前现场环境检查

作业内容：
检查绝缘垫，设立隔离柱，布置警戒线，张贴警示牌。

作业结果：
_____
_____

②维修作业前防护用具检查

作业内容：
绝缘手套、绝缘鞋、护目镜、安全帽外观及性能检查。

作业结果：
_____
_____

③维修作业前仪表工具检查

作业内容：
绝缘万用表、绝缘工具箱、放电工装外观及性能检查。

作业结果：
_____
_____

④维修作业前实施车辆防护

作业内容：
铺设翼子板防护垫、汽车维修三件套、脚垫。

作业结果：
_____
_____

2. 检查蓄电池，并记录数据

	测量蓄电池电压：	
	蓄电池正极连接：□正常 □异常	
	蓄电池负极连接：□正常 □异常	
作业结果	□无故障	经检查，蓄电池电压正常，正负极连接处良好
	□有故障	经检查，_____存在_____现象，需维修恢复

3. 检查PTC控制板低压电源，并记录数据

	PTC控制板低压电源：□导通 □断开	
	PTC控制板搭铁：□导通 □断开	
	检测低压控制电路：□导通 □断开	
作业结果	□无故障	经检查，PTC控制板低压电源供电良好，无故障现象
	□有故障	经检查，_____存在_____现象，需维修恢复

模块六　高压配电系统检修

4. 检查 PTC 高压电路，并记录数据

33PIN低压接插件 电动压缩机 PTC 电池包高压直流输入	PTC 高压线束连接：□正常 □异常	
	高压线束绝缘：□正常 □异常	
	PTC 连接高压导线上高压电：_____V	
作业结果	□无故障	经检查，PTC 控制板高压电源供电良好，无故障现象
	□有故障	经检查，_____存在_____现象，需维修恢复

5. 检查高压控制盒，并记录数据

	高压线连接：□正常 □异常	
	PTC 熔断器：□通畅 □堵塞	
	PTC 熔断器搭铁：□正常 □异常	
作业结果	□无故障	经检查，高压控制盒工作正常，无故障现象
	□有故障	经检查，_____存在_____现象，需维修恢复

6. 请完成整车上电及车辆驾驶操作，以验证故障现象是否解除

①记录整车上电仪表信息数据

	点火钥匙位置：□START □ON □ACC □LOCK		
	READY 指示灯： □熄灭 □点亮	续航里程：_____km	
	挡位情况： □R □N □D □P	动力电池电压值：_____V	
	仪表显示	提示语：_____	
		故障灯：_____	
	故障现象		

②记录行驶模式下仪表信息数据

	挡位情况	□R □N □D □P
	车辆能否正常起动	□能 □不能
	仪表显示	提示语：_____
		故障灯：_____
	故障现象	

③故障验证结论

结论：

参考文献

［1］张家佩，许平. 新能源汽车动力电池管理及维护技术［M］. 北京：电子工业出版社，2020.

［2］孔超. 新能源汽车动力电池拆装与检测［M］. 北京：北京理工大学出版社，2020.

［3］朱升高，冯健，张德军. 电动汽车结构原理与维修［M］. 北京：机械工业出版社，2019.

［4］谭婷，李健平. 新能源汽车电池及管理系统检修［M］. 北京：机械工业出版社，2019.

［5］肖成伟. 电动汽车工程手册 第四卷 动力蓄电池［M］. 北京：机械工业出版社，2019.

［6］蒋鸣雷. 新能源汽车动力电池结构与检修［M］. 北京：机械工业出版社，2018.

［7］刘海峰，廖辉湘. 电动汽车动力蓄电池及管理系统［M］. 北京：人民交通出版社，2018.

［8］蒋鸣雷. 新能源汽车动力电池结构与检修［M］. 北京：机械工业出版社，2018.

［9］王震坡. 电动车辆动力电池系统及应用技术［M］. 北京：机械工业出版社，2017.

［10］王芳，夏军. 电动汽车动力电池系统设计与制造技术［M］. 北京：科学出版社，2017.